Sous Vide
La Révolution en Cuisine

Maxime Lefrançois

Table des matières

Steak traditionnel à la française 9
Steak de bœuf au chipotle et café. 11
Steak grillé parfait 13
Filet de boeuf au piment 15
Steak Tamari aux œufs brouillés 17
Délicieuses boulettes de viande méditerranéennes 19
Peuvres pleins 21
Burgers de bœuf farcis à la française 23
Délicieuse poitrine de bœuf fumée 25
Saucisses de Dijon & Bœuf Ketchup au Curry 27
Steak tri-tip à l'ail et au soja 28
Côtes de bœuf marinées au four à la coréenne 29
Tacos au steak et au chili des Caraïbes 31
Délicieuses côtes levées avec sauce BBQ 33
Filet de bœuf épicé 35
Steak de jupe aux herbes 37
Boulettes de viande au piment 39
Côtes levées rôties à la tomate et au jalapeño 41
Boulettes de viande grecques avec sauce au yaourt 42
Surlonge au piment 44
Poitrine de bœuf barbecue 46
Steaks de surlonge avec sauce à la crème de champignons 47
Côte de bœuf avec croûte de céleri et herbes 49
Steak de boeuf aux échalotes et persil 51

Rôti de barbecue râpé	52
Corned-beef nature	53
Surlonge de tomates rôties au feu	55
Surlonge à la purée de navet	57
Bavette aux tomates rôties	59
Filet de boeuf à la poire	61
Épaule de boeuf aux champignons	62
Champignons farcis aux tomates	64
Ragoût de boeuf classique	66
Burgers à l'ail	68
Ragoût de boeuf haché	70
Filet de boeuf à la sauce tomate	72
Bœuf à l'oignon	74
Côtes de bœuf à l'ail	76
Filet de boeuf aux mini carottes	77
Côtes de boeuf au vin rouge	79
Boeuf au Poivre	81
Bœuf Stroganoff	82
Bouchées de viande avec sauce teriyaki et graines	84
Steak de flan au citron et au poivre	86
Ragoût de viande et de légumes	88
Steak de boeuf épicé	90
Tourte à la viande du Worcestershire	91
steak de boeuf ivre	93
Délicieux rouleau de steak au fromage	94
Poitrine de miel et de Dijon	96
Ragoût de faux-filet au romarin	98

Divin Surlonge avec Purée de Patate Douce	100
Tourte au boeuf aux champignons	101
Burgers au fromage classiques	103
Nouilles de faux-filet au chou-fleur	104
Tacos aux côtes levées au kimchi et à l'avocat	106
Côtelettes de veau	108
Sauce de Bœuf au Porto	109
Bœuf portobello	111
sauce au boeuf	113
Foie de boeuf de Dijon	115
Côtelettes d'agneau à l'africaine aux abricots	117
Côtelettes d'agneau à la menthe et fruits secs	119
Carré d'agneau mariné à la moutarde et au miel	121
Boulettes de viande d'agneau avec sauce au yaourt	123
Riz d'agneau à l'épaule épicée	125
Filets d'agneau au chili enrobés de graines de sésame	127
Agneau doux à la sauce moutarde	128
Agneau Citron Menthe	130
Côtelettes d'agneau au citron avec sauce chimichurri	132
Gigot d'agneau aux légumes et sauce sucrée	134
Ragoût dc bacon et d'agneau	136
Côtelettes d'agneau au citron et au poivre avec chutney de papaye	138
Brochettes d'agneau épicées	140
Agneau aux Herbes et Légumes	142
carré d'agneau à l'ail	144
Agneau grillé en croûte d'herbes	146

Brochettes d'agneau et de cerises sud-africaines populaires . 149
Curry d'agneau et poivrons 151
Côtes d'agneau au fromage de chèvre 153
épaule d'agneau 155
Agneau Jalapeno Rôti 157
Côtelettes d'agneau grillées au thym et à la sauge 159
Côtelettes d'agneau au chimichurri au basilic 161
Brochettes d'agneau harissa salées 163
Porc à la moutarde douce et oignons croustillants 165
Délicieuses côtelettes de porc au basilic et citron 167
Côtes levées à la sauce chinoise 169
Ragoût de porc et de haricots 171
Côtes de porc jerk 173
Côtelettes de porc balsamique 174
Côtes de porc désossées avec sauce aux arachides et à la noix de coco 176
Filet de porc au citron vert et à l'ail 178
Côtes de porc barbecue 180
Surlonge à l'érable et pommes sautées 181
Poitrine de porc fumée au paprika 183
Tacos carnitas au porc 185
Porc salé glacé à la moutarde et à la mélasse 186
Cou de porc rôti 188
Côtes de porc 190
Côtelettes de porc au thym 191
côtes de porc 192
Côtelettes de sauge et de cidre 194

Filet de porc au romarin 196

Pancetta au paprika et oignons perlés 197

Côtelettes de porc à la tomate et purée de pommes de terre ... 198

Toasts aux œufs et bacon croustillant 200

Surlonge épicé avec sauce papaye sucrée 201

Délicieuses pommes de terre et bacon à la ciboulette 203

Côtelettes de porc croustillantes 205

Côtelettes de porc sucrées à la poire et aux carottes 207

Nouilles ramen au porc et aux champignons 209

Filet de porc crémeux au cognac 211

Cuisse de porc aux tomates et carottes 213

Steak traditionnel à la française

Temps de préparation + cuisson : 2 heures 25 minutes | Portions : 5

Ingrédients

4 cuillères à soupe de beurre

2 livres de surlonge

Sel et poivre noir au goût

1 échalote hachée

2 brins de sauge fraîche

1 brin de romarin frais

Adresses

Préparez un bain-marie et placez-y le sous vide. Réglez-le à 134F.

Faire fondre 2 cuillères à soupe de beurre dans une grande poêle en fonte à feu vif. Placer le filet mignon dans la poêle et saisir chaque côté pendant 30 à 45 secondes. Mettez la viande de côté. Ajoutez l'échalote, la sauge et le romarin. Ajouter le beurre et les herbes. Cuire environ 1 à 2 minutes jusqu'à ce qu'ils soient vert vif et tendres.

Glissez le surlonge dans un sac sous vide, ajoutez les herbes pré-mélangées et fermez le sac en utilisant la méthode de déplacement d'eau. Cuire 2 heures.

Une fois prête, retirez la viande et jetez le liquide de cuisson. Placer le filet sur une assiette ou une plaque à pâtisserie tapissée de papier absorbant.

Faites chauffer une poêle en fonte à feu vif et ajoutez 2 cuillères à soupe de beurre. Lorsque le beurre grésille, retournez le steak et saisissez-le 2 minutes des deux côtés. Éteignez le feu et laissez le surlonge pendant environ 5 minutes. Enfin, coupez-le en petits morceaux. Il est recommandé de servir avec des légumes et des pommes de terre.

Steak de bœuf au chipotle et café.

Temps de préparation + cuisson : 1 heure 55 minutes | Portions : 4

Ingrédients

1 cuillère à soupe d'huile d'olive

2 cuillères à soupe de beurre

1 cuillère de sucre

Sel et poivre noir au goût

1 cuillère à soupe de café moulu

1 cuillère à soupe de poudre d'ail

1 cuillère à soupe de poudre d'oignon

1 cuillère à soupe de poudre de chipotle

4 contre-filet

Adresses

Préparez un bain-marie et placez-y le sous vide. Régler à 130 F. Mélanger la cassonade, le sel, le poivre, le marc de café, l'oignon, la poudre d'ail et le paprika dans un petit bol. Déposer les filets sur la surface préalablement nettoyée et badigeonner d'une fine couche d'huile d'olive. Placer les filets dans des sacs sous vide séparés. Fermez ensuite les sacs en utilisant la méthode de déplacement d'eau. Mettez-les au bain-marie et faites-les cuire 1 heure 30 minutes.

Une fois prêt, retirez les filets et jetez le liquide. Placer les filets sur une assiette ou une plaque à pâtisserie tapissée de papier absorbant. Faites chauffer une poêle en fonte à feu vif et ajoutez le beurre. Lorsque le beurre grésille, remettez le filet dans la poêle et saisissez-le 1 minute des deux côtés. Laisser refroidir 2-3 minutes et trancher pour servir.

Steak grillé parfait

Temps de préparation + cuisson : 20 heures 20 minutes | Portions : 4

Ingrédients

4 cuillères à soupe d'huile de sésame
4 filets rôtis tendres
1 cuillère à café de poudre d'ail
1 cuillère à café de poudre d'oignon
1 cuillère à café de persil séché
Sel et poivre noir au goût

Adresses

Préparez un bain-marie et placez-y le sous vide. Réglez-le à 130F.

Faites chauffer l'huile de sésame dans une poêle à feu vif et saisissez les filets 1 minute de chaque côté. Réservez et laissez refroidir. Mélanger la poudre d'ail, la poudre d'oignon, le persil, le sel et le poivre.

Frottez les filets avec le mélange et placez-les dans un sac thermoscellable. Libérez l'air par la méthode de déplacement d'eau, scellez et plongez le sac dans le bain-marie. Cuire pendant 20 heures. Une fois le minuteur arrêté, retirez les filets et séchez-les avec un torchon. Jetez les jus de cuisson.

Filet de boeuf au piment

Temps de préparation + cuisson : 3 heures 20 minutes | Portions : 4

Ingrédients

2 cuillères à soupe de ghee

2 ¼ livres de filet de bœuf

Sel et poivre noir au goût

1 cuillère à soupe d'huile de piment

2 cuillères à café de thym séché

1 cuillère à café de poudre d'ail

½ cuillère à café de poudre d'oignon

½ cuillère à café de poivre de Cayenne

Adresses

Préparez un bain-marie et placez-y le sous vide. Régler à 134 F. Assaisonner le filet avec du sel et du poivre. Mélanger l'huile de piment, le thym, la poudre d'ail, la poudre d'oignon et le poivre de Cayenne. Badigeonner le mélange sur le filet. Placer le filet dans un sac sous vide. Libérez l'air par la méthode de déplacement d'eau, scellez et plongez le sac dans le bain-marie. Cuire pendant 3 heures.

Une fois le minuteur arrêté, retirez le filet et séchez-le avec un torchon. Faites chauffer le ghee dans une poêle à feu vif et saisissez le filet mignon pendant 45 secondes de chaque côté. Réserver et laisser reposer 5 minutes. Coupez-le et servez-le.

Steak Tamari aux œufs brouillés

Temps de préparation + cuisson : 1 heure 55 minutes | Portions : 4

Ingrédients

¼ tasse de lait

1 tasse de sauce Tamari

½ tasse de cassonade

⅓ tasse d'huile d'olive

4 gousses d'ail, émincées

1 cuillère à café de poudre d'oignon

Sel et poivre noir au goût

2 ½ livres de steak de jupe

4 œufs

Adresses

Préparez un bain-marie et placez-y le sous vide. Régler à 130 F. Mélanger la sauce Tamari, la cassonade, l'huile d'olive, la poudre d'oignon, l'ail, le sel marin et le poivre. Placer le steak dans un sac sous vide avec le mélange. Libérez l'air par la méthode de déplacement d'eau, scellez et plongez le sac dans le bain-marie. Cuire 1 heure et 30 minutes.

Dans un bol, mélanger les œufs, le lait et le sel. Bien mélanger. Brouiller les œufs dans une poêle à feu moyen. Laisser de côté. Une fois le minuteur arrêté, retirez le steak et séchez-le. Faites chauffer une poêle à feu vif et saisissez le steak 30 secondes de chaque côté. Couper en petites lanières. Servir avec des œufs brouillés.

Délicieuses boulettes de viande méditerranéennes

Temps de préparation + cuisson : 1 heure 55 minutes | Portions : 4

Ingrédients

1 livre de bœuf haché
½ tasse de chapelure
¼ tasse de lait
1 œuf battu
2 cuillères à soupe de basilic frais haché
1 gousse d'ail, hachée
1 cuillère à café de sel
½ cuillère à café de basilic séché
1 cuillère à soupe d'huile de sésame

Adresses

Préparez un bain-marie et placez-y le sous vide. Régler à 141 F. Mélanger le bœuf, la chapelure, le lait, l'œuf, le basilic, l'ail, le sel et le basilic et former 14 à 16 boulettes de viande. Placer 6 boulettes de viande dans chaque sac thermoscellable. Libérez l'air par la méthode de déplacement d'eau, scellez et plongez les sacs dans le bain-marie. Cuire 90 minutes. Faites chauffer l'huile dans une poêle à feu moyen. Une fois le minuteur arrêté, retirez les boulettes de viande, transférez-les dans la poêle et faites-les dorer pendant 4 à 5 minutes. Jetez les jus de cuisson. Assister à.

Peuvres pleins

Temps de préparation + cuisson : 2 heures 35 minutes | Portions : 6

Ingrédients:

6 poivrons moyens
1 livre de bœuf haché maigre
1 oignon moyen, finement haché
1 tomate moyenne hachée
½ cuillère à café de poivre de Cayenne moulu
3 cuillères à soupe d'huile d'olive extra vierge
Sel et poivre noir au goût

Adresses :

Préparez un bain-marie, placez-y le sous vide et réglez à 180 F. Coupez l'extrémité de la tige de chaque poivron et retirez les graines. Rincer et réserver.

Dans un grand bol, mélanger le bœuf haché, l'oignon, la tomate, le poivre de Cayenne, l'huile d'olive, le sel et le poivre. Versez le mélange de viande dans les poivrons.

Placez délicatement 1 ou 2 poivrons dans chaque sac thermoscellable et fermez le sac. Plongez les sachets dans le bain-marie et laissez cuire 1 heure et 20 minutes. Une fois le minuteur arrêté, retirez les sachets, ouvrez-les et réfrigérez environ 10 minutes avant de servir.

Burgers de bœuf farcis à la française

Temps de préparation + cuisson : 50 minutes | Portions : 5

Ingrédients

1 oeuf

1 livre de bœuf haché

3 oignons verts, hachés

2 cuillères à café de sauce Worcestershire

2 cuillères à café de sauce soja

Sel et poivre noir au goût

5 tranches de camembert

5 pains à hamburger

feuilles de laitue iceberg

5 tranches de tomate

Adresses

Préparez un bain-marie et placez-y le sous vide. Régler à 134 F. Mélanger la viande, l'oignon, l'œuf et la sauce soja avec les mains et assaisonner de sel et de poivre. Former 8 burgers avec le mélange. Placez 1 tranche de fromage cheddar au centre de chaque burger et placez un autre burger sur le fromage cheddar. Mélangez bien pour créer un seul burger.

Placez les cheeseburgers dans quatre sacs thermoscellables. Libérez l'air par la méthode de déplacement d'eau, scellez et plongez les sacs dans le bain-marie. Cuire 30 minutes.

Une fois le minuteur arrêté, retirez les burgers et séchez-les avec un torchon. Jetez les jus de cuisson. Faites chauffer une poêle à feu vif et saisissez les burgers 1 minute de chaque côté. Mettez les burgers sur les toasts. Garnir de laitue et de tomate.

Délicieuse poitrine de bœuf fumée

Temps de préparation + cuisson : 33 heures 50 minutes | Portions : 8)

Ingrédients

¼ cuillère à café de fumée de caryer liquide

8 cuillères à soupe de miel

Sel et poivre noir au goût

1 cuillère à café de poudre de chili

1 cuillère à café de persil séché

1 cuillère à café de poudre d'ail

1 cuillère à café de poudre d'oignon

½ cuillère à café de cumin moulu

4 livres de poitrine de bœuf

Adresses

Préparez un bain-marie et placez-y le sous vide. Réglez-le à 156 F.

Mélanger le miel, le sel, le poivre, la poudre de chili, le persil, la poudre d'oignon et d'ail et le cumin. Réservez 1/4 du mélange. Badigeonner la poitrine du mélange.

Placez la poitrine dans un grand sac thermoscellable avec la fumée liquide. Libérez l'air par la méthode de déplacement d'eau, scellez et plongez le sac dans le bain-marie. Cuire pendant 30 heures. Une fois le minuteur arrêté, retirez le sachet et laissez refroidir 1 heure.

Préchauffer le four à 300F.

Séchez la poitrine avec un torchon et badigeonnez-la de la sauce réservée. Jetez les jus de cuisson. Transférer la poitrine sur une plaque à pâtisserie, mettre au four et rôtir pendant 2 heures.

Une fois le temps arrêté, retirez le magret et couvrez-le de papier aluminium pendant 40 minutes. Servir avec des fèves au lard, du pain frais et du beurre.

Saucisses de Dijon & Bœuf Ketchup au Curry

Temps de préparation + cuisson : 1 heure 45 minutes | Portions : 4

Ingrédients

½ tasse de moutarde de Dijon
4 saucisses de boeuf
½ tasse de sauce tomate au curry

Adresses

Préparez un bain-marie et placez-y le sous vide. Réglez-le à 134F.

Placer les saucisses dans un sac thermoscellable. Libérez l'air par la méthode de déplacement d'eau, scellez et plongez le sac dans le bain-marie. Cuire 90 minutes. Une fois le minuteur arrêté, retirez les saucisses et transférez-les sur un grill à feu vif. Cuire 1 à 3 minutes jusqu'à ce que des marques de gril apparaissent. Servir avec de la moutarde et du ketchup au curry.

Steak tri-tip à l'ail et au soja

Temps de préparation + cuisson : 2 heures 5 minutes | Portions : 2

Ingrédients:

1 ½ lb de steak à trois pointes
Sel et poivre noir au goût
2 cuillères à soupe de sauce soja
6 gousses d'ail, pré-rôties et écrasées

Adresses :

Faites un bain-marie, placez-y le sous vide et réglez à 130 F. Assaisonnez le steak avec du poivre et du sel et placez-le dans un sac sous vide. Ajoutez la sauce soja. Libérez l'air en utilisant la méthode de déplacement d'eau et scellez le sac. Tremper dans le bain-marie et régler la minuterie sur 2 heures.

Une fois le chronomètre arrêté, retirez et ouvrez le sac. Faites chauffer une poêle en fonte à feu vif, placez le steak et saisissez-le des deux côtés pendant 2 minutes chacun. Couper et servir en salade.

Côtes de bœuf marinées au four à la coréenne

Temps de préparation + cuisson : 5 heures 20 minutes | Portions : 5

Ingrédients

2 cuillères à soupe d'huile de canola

3 livres de côtes de bœuf

Sel et poivre noir au goût

½ tasse de sucre

½ tasse de sauce soja

¼ tasse de vinaigre de cidre de pomme

¼ tasse de jus d'orange

2 cuillères à soupe d'ail émincé

1 cuillère à café de flocons de piment rouge

¼ tasse de ciboulette hachée

¼ tasse de graines de sésame

Adresses

Préparez un bain-marie et placez-y le sous vide. Régler à 141 F Assaisonner les côtes levées avec du sel et du poivre. Mélanger la cassonade, la sauce soja, le vinaigre, le jus d'orange, l'huile de canola, l'ail et les flocons de piment rouge. Placer les côtes levées dans deux sacs sous vide avec la sauce à l'orange. Libérez l'air par la méthode de déplacement d'eau. Réfrigérer 2 heures. Scellez et plongez les sacs dans le bain-marie. Cuire pendant 3 heures.

Tacos au steak et au chili des Caraïbes

Prêt en 2 heures 10 minutes environ | Portions : 4

Ingrédients

1 cuillère à soupe d'huile de canola

2 livres de steak de jupe

Sel et poivre noir au goût

1 cuillère à café de poudre d'ail

2 cuillères à café de jus de citron vert

Le zeste d'1 citron vert

Zeste et jus d'1 orange

1 cuillère à café de flocons de piment rouge

1 gousse d'ail, hachée

1 cuillère à soupe de beurre

12 tortillas de maïs

1 tête de chou rouge, tranchée

Pico de gallo, pour servir

crème sure, pour servir

4 piments serrano, tranchés

Adresses

Préparez un bain-marie et placez-y le sous vide. Régler à 130 F. Assaisonner le steak avec du sel, du poivre et de la poudre d'ail.

Mélanger le jus et le zeste de citron vert, le jus et le zeste d'orange, les flocons de piment rouge et l'ail. Placer le steak et la sauce dans un sac sous vide. Libérez l'air par la méthode de déplacement d'eau. Réfrigérer 30 minutes. Sceller et plonger dans le bain-marie. Cuire 90 minutes.

Une fois le minuteur arrêté, retirez le steak et séchez-le avec des torchons. Faites chauffer l'huile et le beurre dans une poêle à feu vif et saisissez le steak pendant 1 minute. Coupez le steak en tranches. Remplissez la tortilla avec le steak. Garnir de chou, pico de gallo, crème sure et serrano.

Délicieuses côtes levées avec sauce BBQ

Temps de préparation + cuisson : 12 heures 15 minutes | Portions : 6

Ingrédients

2 cuillères à soupe de beurre

1½ livre de côtes de bœuf

Sel et poivre noir au goût

3 cuillères à soupe d'huile de sésame grillé

1½ tasse de sauce barbecue

10 gousses d'ail écrasées

3 cuillères à soupe de vinaigre de champagne

2 cuillères à soupe de gingembre frais haché

⅛ tasse de ciboulette hachée

⅛ tasse de graines de sésame

Adresses

Préparez un bain-marie et placez-y le sous vide. Régler à 186 F. Assaisonner les côtes levées avec du sel et du poivre. Faites chauffer l'huile de sésame dans une poêle à feu vif et saisissez chaque côte 1 minute de chaque côté. Mélanger la sauce BBQ, l'ail, le vinaigre et le gingembre. Placer trois côtes levées dans chaque sac thermoscellable avec la sauce BBQ. Libérez l'air par la méthode de déplacement d'eau, scellez et plongez le sac dans le bain-marie. Cuire pendant 12 heures.

Une fois le minuteur arrêté, retirez les côtes et séchez-les avec un torchon. Faites chauffer une casserole sur feu moyen et versez-y le jus de cuisson. Cuire pendant 4 à 5 minutes jusqu'à ce qu'il soit collant. Chauffer le beurre dans une poêle à feu vif et saisir les côtes levées 1 minute de chaque côté. Couvrir de sauce barbecue. Garnir d'oignons verts et de graines de sésame.

Filet de bœuf épicé

Temps de préparation + cuisson : 1h50 | Portions : 6

Ingrédients

2 cuillères à soupe d'huile d'olive

3 livres de filet de bœuf, coupé en lanières

Sel et poivre noir au goût

2 cuillères à soupe de vinaigre de vin blanc

½ cuillère à soupe de jus de citron fraîchement pressé

1 cuillère à café de piment de la Jamaïque

½ cuillère à soupe de poudre d'ail

1 oignon haché

1 tomate hachée

2 gousses d'ail, hachées

2 cuillères à soupe de sauce soja

4 tasses de quinoa cuit

Adresses

Préparez un bain-marie et placez-y le sous vide. Régler à 134 F. Assaisonner le filet avec du sel et du poivre. Mélangez soigneusement 1 cuillère à soupe d'huile d'olive, le vinaigre de vin blanc, le jus de citron, le piment de la Jamaïque et la poudre d'ail.

Mélangez le filet avec la marinade et placez-le dans un sac hermétique. Libérez l'air par la méthode de déplacement d'eau, scellez et plongez le sac dans le bain-marie. Cuire 1 heure et 30 minutes.

Pendant ce temps, faites chauffer l'huile d'olive dans une casserole à feu moyen et ajoutez l'oignon, la tomate, l'ail et la sauce soja. Cuire 5 minutes jusqu'à ce que la tomate commence à ramollir. Laisser de côté.

Une fois le minuteur arrêté, retirez le filet et séchez-le avec un torchon. Réservez le jus de cuisson. Faites chauffer une poêle à feu vif et faites dorer pendant 1 à 2 minutes.

Mélanger le jus de cuisson avec le mélange de tomates. Cuire 4 à 5 minutes jusqu'à ébullition. Ajoutez le surlonge et remuez encore 2 minutes. Servir avec du quinoa.

Steak de jupe aux herbes

Temps de préparation + cuisson : 3 heures 20 minutes | Portions : 6

Ingrédients

2 cuillères à soupe de beurre

3 livres de steak de jupe

2 cuillères à soupe d'huile extra vierge

1½ cuillère à café de poudre d'ail

Sel et poivre noir au goût

¼ cuillère à café de poudre d'oignon

¼ cuillère à café de poivre de Cayenne

¼ cuillère à café de persil séché

¼ cuillère à café de sauge séchée

¼ cuillère à café de romarin séché écrasé

Adresses

Préparez un bain-marie et placez-y le sous vide. Régler à 134 F. Badigeonner le steak d'huile d'olive.

Mélanger la poudre d'ail, le sel, le poivre, la poudre d'oignon, le poivre de Cayenne, le persil, la sauge et le romarin. Frotter le steak avec le mélange.

Placer le steak dans un grand sac sous vide. Libérez l'air par la méthode de déplacement d'eau, scellez et plongez le sac dans le bain-marie. Cuire pendant 3 heures.

Une fois le minuteur arrêté, retirez le steak et séchez-le avec un torchon. Faites chauffer le beurre dans une poêle à feu vif et saisissez le steak 2 à 3 minutes de tous les côtés. Laisser reposer 5 minutes et couper pour servir.

Boulettes de viande au piment

Temps de préparation + cuisson : 55 minutes | Portions : 3

Ingrédients:

1 livre de bœuf haché maigre

2 cuillères à soupe de farine tout usage

¼ tasse de lait

½ cuillère à café de poivre noir fraîchement moulu

¼ cuillère à café de piment

3 gousses d'ail écrasées

1 cuillère à café d'huile d'olive

1 cuillère à café de sel

½ tasse de feuilles de céleri finement hachées

Adresses :

Préparez un bain-marie, placez-y le sous vide et réglez à 136 F.

Dans un grand bol, mélanger le bœuf haché avec la farine, le lait, le poivre noir, le piment, l'ail, le sel et le céleri. Mélangez avec vos mains jusqu'à ce que tous les ingrédients soient bien combinés. Formez des bouchées et placez-les dans un grand sac thermoscellable en une seule couche.

Plongez le sachet scellé dans le bain-marie et laissez cuire 50 minutes. Sortez les boulettes de viande du sac et séchez-les. Faites dorer les boulettes de viande dans une poêle à feu moyen avec l'huile d'olive en les retournant pour qu'elles dorent sur toutes les faces.

Côtes levées rôties à la tomate et au jalapeño

Temps de préparation + cuisson : 1 heure 40 minutes | Portions : 4

Ingrédients:

3 lb de côtes levées de bœuf, coupées en 2
Sel et poivre noir au goût
½ tasse de mélange de tomates jalapeño
½ tasse de sauce barbecue

Adresses :

Faites un bain-marie, placez-y le sous vide et réglez à 140 F. Assaisonnez les côtes levées avec du sel et du poivre. Placer dans un sac thermoscellable, libérer l'air et sceller. Mettez au bain-marie et réglez la durée sur 1 heure. Une fois le chronomètre arrêté, ouvrez le sac. Mélanger le reste des ingrédients. Laisser refroidir 30 minutes.

Pendant ce temps, préchauffez un grill à feu moyen. Couvrir les côtes levées de sauce jalapeño et placer sur le gril. Faire dorer 2 minutes de tous les côtés.

Boulettes de viande grecques avec sauce au yaourt

Temps de préparation + cuisson : 1 heure 10 minutes | Portions : 4

Ingrédients:

1 livre de bœuf haché maigre

¼ tasse de chapelure

1 gros oeuf, battu

2 cuillères à café de persil frais

Sel de mer et poivre noir au goût

3 cuillères à soupe d'huile d'olive extra vierge

Sauce yaourt:

6 onces de yaourt grec

1 cuillère à soupe d'huile d'olive extra vierge

aneth frais

Jus de citron d'1 citron

1 gousse d'ail, hachée

Sel au goût

Adresses :

Commencez par la préparation de la sauce au yaourt. Fouetter tous les ingrédients de la sauce dans un bol moyen, couvrir et réfrigérer pendant 1 heure.

Maintenant, préparez un bain-marie, placez-y le sous vide et réglez à 141 F. Placez la viande dans un grand bol. Ajoutez l'œuf battu, la chapelure, le persil frais, le sel et le poivre. Mélangez bien les ingrédients. Formez des bouchées et placez-les dans un grand sac thermoscellable en une seule couche. Fermez le sachet et faites cuire au bain-marie pendant 1 heure. À l'aide d'une écumoire, retirez délicatement du sac et jetez le liquide de cuisson.

Faire dorer les boulettes de viande dans une poêle à feu moyen avec de l'huile d'olive jusqu'à ce qu'elles soient dorées, 2-3 minutes de chaque côté. Garnir de sauce au yaourt et servir.

Surlonge au piment

Temps de préparation + cuisson : 2 heures 45 minutes | Portions : 5

Ingrédients

2 cuillères à soupe de miel

3 livres de filet

2 cuillères à soupe d'huile d'olive

Sel et poivre noir au goût

2 cuillères à soupe de poudre d'oignon

2 cuillères à soupe de poudre d'ail

1 cuillère à soupe de paprika

2 cuillères à café de poudre de chili serrano fumé

1 cuillère à café de sauge séchée

1 cuillère à café de muscade

1 cuillère à café de cumin moulu

2 cuillères à soupe de beurre

Adresses

Préparez un bain-marie et placez-y le sous vide. Régler à 130 F. Badigeonner le filet d'huile d'olive.

Mélanger le sel, le poivre, le miel, la poudre d'oignon, la poudre d'ail, le paprika fumé, la poudre de piment serrano fumé, la sauge, la muscade et le cumin. Frotter le filet avec le mélange.

Placer dans un grand sac thermoscellable. Libérez l'air par la méthode de déplacement d'eau, scellez et plongez le sac dans le bain-marie. Cuire 2 heures et 30 minutes.

Une fois le minuteur arrêté, retirez le steak et séchez-le avec un torchon. Faites chauffer le beurre dans une poêle à feu vif et saisissez le steak 2 à 3 minutes de tous les côtés. Laisser reposer 5 minutes et couper pour servir.

Poitrine de bœuf barbecue

Temps de préparation + cuisson : 48 heures 15 minutes | Portions : 8

Ingrédients:

1 ½ livre de poitrine de bœuf
Sel et poivre noir au goût
1 cuillère à soupe d'huile d'olive
1 cuillère à soupe de poudre d'ail

Adresses :

Préparez un bain-marie et placez-y le sous vide. Régler à 150 F. Frotter le sel, le poivre et la poudre d'ail sur la viande et placer dans un sac sous vide. Libérez l'air par la méthode de déplacement d'eau, scellez et plongez dans un bain-marie. Réglez la minuterie sur 48 heures. Au bout de 2 jours, faites chauffer l'huile d'olive dans une poêle à feu moyen. Retirez la viande du sac et faites-la dorer de tous les côtés.

Steaks de surlonge avec sauce à la crème de champignons

Temps de préparation + cuisson : 1h20 | Portions : 3

Ingrédients:

3 (6 oz) steaks de surlonge désossés
Sel et poivre noir au goût
4 cuillères à café de beurre non salé
1 cuillère à soupe d'huile d'olive
6 oz de champignons de Paris blancs, coupés en quartiers
2 grosses échalotes, hachées
2 gousses d'ail, hachées
½ tasse de bouillon de bœuf
½ tasse de crème épaisse
2 cuillères à café de sauce moutarde
Ciboulette finement tranchée pour la garniture

Adresses :

Préparez un bain-marie, placez-y le sous vide et réglez à 135 °F. Assaisonnez la viande avec du poivre et du sel et placez-la dans 3 sacs séparés sous vide. Ajoutez 1 cuillère à café de beurre dans chaque sac. Libérez l'air par la méthode de déplacement d'eau, scellez et plongez le sac dans le bain-marie. Réglez sur 45 minutes.

Dix minutes avant la fin du minuteur, faites chauffer l'huile et le reste du beurre dans une poêle à feu moyen. Une fois le chronomètre arrêté, retirez et ouvrez le sac. Retirez la viande, séchez-la et placez-la dans la poêle. Réservez les jus dans les sachets. Saisir de chaque côté pendant 1 minute et transférer sur une planche à découper. Couper et réserver.

Dans la même poêle, ajoutez les échalotes et les champignons. Cuire 10 minutes et ajouter l'ail. Cuire 1 minute. Ajouter le bouillon et les jus réservés. Laisser mijoter 3 minutes. Ajouter la crème épaisse, porter à ébullition à feu vif et réduire à feu doux au bout de 5 minutes. Éteignez le feu et ajoutez la sauce moutarde. Disposer le filet sur une assiette, napper de sauce aux champignons et garnir de ciboulette.

Côte de bœuf avec croûte de céleri et herbes

Temps de préparation + cuisson : 5 heures 15 minutes | Portions : 3

Ingrédients:

1 ½ lb de faux-filet, avec os

Sel et poivre noir au goût

½ cuillère à café de poivre rose

½ cuillère à soupe de graines de céleri séchées

1 cuillère à soupe de poudre d'ail

2 brins de romarin hachés

2 tasses de bouillon de boeuf

1 blanc d'oeuf

Adresses :

Saler la viande et laisser mariner 1 heure. Faites un bain-marie, placez-y le sous vide et réglez à 130 F. Placez le bœuf dans un sac scellable sous vide, libérez l'air en utilisant la méthode de déplacement d'eau et scellez le sac. Plongez le sac dans le bain-marie. Réglez la minuterie sur 4 heures et faites cuire. Une fois prêt, retirez la viande et séchez-la; laisser de côté.

Mélangez la poudre de poivre noir, la poudre de poivre rose, les graines de céleri, la poudre d'ail et le romarin. Badigeonnez la viande de blanc d'oeuf. Tremper la viande dans le mélange de graines de céleri pour l'enrober gracieusement. Disposez sur une plaque à pâtisserie et faites cuire au four pendant 15 minutes. Retirer et laisser refroidir sur une planche à découper.

Coupez délicatement la viande contre l'os. Versez le liquide dans un sac sous vide et le bouillon de bœuf dans une casserole et portez à ébullition sur feu moyen. Jetez toute graisse ou tout solide flottant. Disposez les tranches de viande dans une assiette et versez un filet de sauce dessus. Servir avec un accompagnement de légumes verts cuits à la vapeur.

Steak de boeuf aux échalotes et persil

Temps de préparation + cuisson : 1 heure 15 minutes | Portions : 4

Ingrédients:

2 livres de filet de bœuf, tranché
2 cuillères à soupe de moutarde de Dijon
3 cuillères à soupe d'huile d'olive
1 cuillère à soupe de feuilles de persil frais, finement hachées
1 cuillère à café de romarin frais, finement haché
1 cuillère à soupe d'échalote finement hachée
½ cuillère à café de thym séché
1 gousse d'ail écrasée

Adresses :

Préparez un bain-marie et placez-y le sous vide. Réglez-le à 136F.

Dans un petit bol, mélanger la moutarde de Dijon, l'huile d'olive, le persil, le romarin, l'échalote, le thym et l'ail. Frottez la viande avec ce mélange et placez-la dans un sac sous vide. Libérez l'air par la méthode de déplacement d'eau, scellez et plongez le sac dans le bain-marie. Réglez la minuterie sur 1 heure. Servir avec de la salade.

Rôti de barbecue râpé

Temps de préparation + cuisson : 14 heures 20 minutes | Portions : 3

Ingrédients:

1 livre de rôti de bœuf
2 cuillères à soupe d'assaisonnement pour barbecue

Adresses :

Faites un bain-marie, placez-y le Sous Vide et réglez à 165 F.

Préchauffer un grill. Séchez la viande avec une serviette en papier et frottez-la avec l'assaisonnement pour barbecue. Laissez reposer 15 minutes. Placez la viande dans un sac scellable sous vide, libérez l'air en utilisant la méthode de déplacement d'eau et scellez le sac.

Plongez-vous dans le bain-marie. Réglez la minuterie sur 14 heures et faites cuire. Une fois le chronomètre arrêté, retirez le sachet et ouvrez-le. Retirez la viande et émincez-la. Assister à.

Corned-beef nature

Temps de préparation + cuisson : 5 heures 10 minutes | Portions : 4

Ingrédients:

15 onces de poitrine de bœuf

1 cuillère à soupe de sel

¼ tasse de bouillon de bœuf

1 cuillère à café de paprika

1 tasse de bière

2 oignons tranchés

½ cuillère à café d'origan

1 cuillère à café de poivre de Cayenne

Adresses :

Préparez un bain-marie et placez-y le sous vide. Réglez à 138 F. Coupez la viande en 4 morceaux. Placer dans des sacs séparés sous vide. Fouettez la bière, le bouillon et les épices dans un bol. Ajoutez les oignons. Répartissez le mélange entre les sacs.

Libérez l'air par la méthode de déplacement d'eau, scellez et plongez le sac dans un bain-marie. Réglez la minuterie sur 5 heures.

Une fois le chronomètre arrêté, retirez le sachet et déposez-le sur une assiette.

Surlonge de tomates rôties au feu

Temps de préparation + cuisson : 2 heures 8 minutes | Portions : 4

Ingrédients:

2 livres de filet de bœuf coupé au centre, 1 pouce d'épaisseur
1 tasse de tomates rôties sur le feu, hachées
Sel et poivre noir au goût
3 cuillères à soupe d'huile d'olive extra vierge
2 feuilles de laurier entières
3 cuillères à soupe de beurre non salé

Adresses :

Préparez un bain-marie, placez-y le sous vide et réglez-le à 136 F. Rincez bien la viande sous l'eau courante et séchez-la avec du papier absorbant. Bien frotter avec l'huile d'olive et assaisonner généreusement de sel et de poivre. Placer dans un grand sac sous vide avec les tomates rôties sur le feu et deux feuilles de laurier. Fermez le sachet, plongez-le dans le bain-marie et laissez cuire 2 heures.

Une fois terminé, retirez les sachets, placez la viande sur une plaque à pâtisserie. Jetez le liquide de cuisson. Dans une grande poêle, faire fondre le beurre à feu moyen. Ajouter le filet et saisir 2 minutes de chaque côté. Servir avec votre sauce et vos légumes préférés.

Surlonge à la purée de navet

Temps de préparation + cuisson : 1h20 | Portions : 4

Ingrédients:

4 steaks de surlonge

2 livres de navets, coupés en dés

Sel et poivre noir au goût

4 cuillères à soupe de beurre

Huile d'olive pour dorer

Adresses :

Faites un bain-marie, placez-y le sous vide et réglez-le à 128 F. Assaisonnez les filets avec du poivre et du sel et placez-les dans un sac hermétique. Libérez l'air par la méthode de déplacement d'eau, scellez et plongez le sac dans le bain-marie. Réglez la minuterie sur 1 heure.

Placer les navets dans l'eau bouillante et cuire jusqu'à ce qu'ils soient tendres pendant environ 10 minutes. Égouttez les navets et placez-les dans un bol. Ajoutez le beurre et écrasez-les. Assaisonner de poivre et de sel.

Une fois le chronomètre arrêté, retirez et ouvrez les sacs. Retirez les filets du sac et séchez-les. Assaisonner selon l'envie. Faire revenir les filets dans une poêle avec de l'huile à feu moyen environ 2 minutes de chaque côté. Servir les steaks avec une purée de navets.

Bavette aux tomates rôties

Temps de préparation + cuisson : 3 heures 30 minutes | Portions : 3

Ingrédients:

1 livre de steak de jupe

4 cuillères à soupe d'huile d'olive, divisée en deux

1 cuillère à soupe + 1 cuillère à café d'assaisonnement italien

Sel et poivre noir au goût

4 gousses d'ail, 2 gousses écrasées + 2 gousses entières

1 tasse de tomates cerises

1 cuillère à soupe de vinaigre balsamique

3 cuillères à soupe de parmesan râpé

Adresses :

Préparez un bain-marie, placez-y le sous vide et réglez à 129 F. Placez le steak dans un sac scellable sous vide. Ajouter la moitié de l'huile d'olive, l'assaisonnement italien, le poivre noir, le sel et l'ail écrasé et frotter doucement.

Libérez l'air en utilisant la méthode de déplacement d'eau et scellez le sac. Plongez-vous dans le bain-marie. Réglez la minuterie sur 3 heures et faites cuire 10 minutes. Avant la fin de la minuterie, préchauffez un four à 400F.

Dans un bol, mélanger les tomates avec le reste des ingrédients, sauf le parmesan. Verser dans un plat allant au four et enfourner sur la grille la plus éloignée du feu. Cuire au four pendant 15 minutes.

Une fois le minuteur arrêté, retirez le sachet, ouvrez et retirez le steak. Transférer sur une surface plane et saisir les deux côtés avec un chalumeau jusqu'à ce qu'ils soient dorés. Laisser refroidir et couper en fines tranches. Servir le steak avec des tomates rôties. Garnir de parmesan.

Filet de boeuf à la poire

Temps de préparation + cuisson : 3 heures 10 minutes | Portions : 3

Ingrédients:

3 (6 oz) filets de poire de bœuf
2 cuillères à soupe d'huile d'olive
4 cuillères à soupe de beurre non salé
4 gousses d'ail, écrasées
4 brins de thym frais

Adresses :

Faites un bain-marie, placez-y le Sous Vide et réglez à 135F. Salez la viande et placez-la dans 3 sacs sous vide. Libérez l'air en utilisant la méthode de déplacement d'eau et scellez les sacs. Plongez-vous dans le bain-marie. Réglez la minuterie sur 3 heures et faites cuire.

Une fois le minuteur arrêté, retirez la viande, séchez la et assaisonnez de poivre et de sel. Faites chauffer l'huile dans une poêle à feu moyen jusqu'à ce qu'elle commence à fumer. Ajouter les filets, le beurre, l'ail et le thym. Faire dorer 3 minutes des deux côtés. Arroser d'un peu plus de beurre pendant la cuisson. Coupez les filets en tranches désirées.

Épaule de boeuf aux champignons

Temps de préparation + cuisson : 6 heures 15 minutes | Portions : 3

Ingrédients:

1 livre d'épaule de bœuf
1 carotte moyenne, tranchée
1 gros oignon haché
¾ tasse de champignons, tranchés
1 tasse de bouillon de boeuf
2 cuillères à soupe d'huile d'olive
4 gousses d'ail hachées finement
Sel et poivre noir au goût

Adresses :

Préparez un bain-marie et placez-y le sous vide. Régler à 136 F. Placer l'épaule de bœuf dans un grand sac sous vide avec les tranches de carottes et la moitié du bouillon. Plongez le sachet scellé dans le bain-marie et laissez cuire 6 heures. Une fois le minuteur arrêté, retirez la viande du sac et séchez-la.

Dans une casserole, faites chauffer l'huile d'olive et ajoutez l'oignon et l'ail. Faire sauter jusqu'à ce qu'il soit translucide, 3-4 minutes. Ajouter l'épaule de bœuf, le reste du bouillon, 2 tasses d'eau, les champignons, le sel et le poivre. Porter à ébullition et réduire le feu au minimum. Cuire encore 5 minutes en remuant constamment.

Champignons farcis aux tomates

Temps de préparation + cuisson : 60 minutes | Portions : 4

Ingrédients:

2 livres de champignons cremini
1 poivron jaune, haché finement
2 tomates moyennes, pelées et hachées finement
2 oignons verts, finement hachés
1 ¾ tasse de bœuf haché maigre
3 cuillères à soupe d'huile d'olive
Sel et poivre noir au goût

Adresses :

Préparez un bain-marie et placez-y le sous vide. Réglez à 131 F. Faites cuire les champignons à la vapeur et réservez les chapeaux. Hachez les pieds des champignons. Faites chauffer 2 cuillères à soupe d'huile d'olive dans une grande poêle. Ajouter les oignons et faire revenir 1 minute.

Maintenant, ajoutez le bœuf haché et faites revenir encore quelques minutes en remuant constamment. Ajoutez les tiges de champignons, les tomates, le poivron, le sel et le poivre noir et continuez à faire sauter encore 3 minutes.

Placer les chapeaux de champignons sur un plan de travail propre et arroser du reste d'huile. Verser le mélange de viande dans chaque couvercle et placer dans un grand sac thermoscellable en une seule couche. Libérez l'air par la méthode de déplacement d'eau, scellez et plongez le sac dans le bain-marie. Réglez la minuterie sur 50 minutes.

Une fois le minuteur arrêté, sortez les champignons du sachet. Transférer à une assiette de service. Versez dessus le jus de champignons laissé dans le sac. Servir avec de la salade.

Ragoût de boeuf classique

Temps de préparation + cuisson : 3 heures 15 minutes | Portions : 4

Ingrédients:

1 livre de cou de bœuf, coupé en petits morceaux

½ grosse aubergine, tranchée

1 tasse de tomates rôties sur le feu

1 tasse de bouillon de boeuf

½ tasse de bourgogne

¼ tasse d'huile végétale

5 grains de poivre, entiers

2 cuillères à soupe de beurre non salé

1 feuille de laurier, entière

1 cuillère à soupe de concentré de tomate

½ cuillère à soupe de poivre de Cayenne

¼ cuillère à café de piment (facultatif)

1 cuillère à café de sel

Persil frais pour décorer

Adresses :

Préparez un bain-marie et placez-y le sous vide. Régler à 135 F. Rincer la viande sous l'eau froide courante. Séchez avec du papier absorbant et placez-le sur une surface de travail propre. A l'aide d'un couteau bien aiguisé, coupez-le en petits morceaux.

Dans un grand bol, mélanger le bourgogne avec l'huile, les grains de poivre, le laurier, le poivre de Cayenne, le piment et le sel. Plonger la viande dans ce mélange et réfrigérer 2 heures. Retirez la viande de la marinade et séchez-la avec du papier absorbant. Réservez le liquide. Placer dans un grand sac thermoscellable. Scellez le sac.

Plongez le sachet hermétiquement fermé dans le bain-marie et laissez cuire 1 heure. Retirer du bain-marie, jeter la feuille de laurier et transférer dans une casserole profonde à fond épais. Ajouter le beurre et faire fondre doucement à feu moyen. Ajouter les aubergines, les tomates et ¼ tasse de marinade. Cuire encore 5 minutes en remuant constamment. Goûtez, rectifiez l'assaisonnement et servez garni de persil frais haché.

Burgers à l'ail

Temps de préparation + cuisson : 70 minutes | Portions : 4

Ingrédients:

1 livre de bœuf haché maigre

3 gousses d'ail écrasées

2 cuillères à soupe de chapelure

3 oeufs battus

4 pains à hamburger

4 feuilles de laitue croustillantes

4 tranches de tomate

¼ tasse de lentilles trempées

¼ tasse d'huile, divisée en deux

1 cuillère à soupe de coriandre finement hachée

Sel et poivre noir au goût

Adresses :

Préparez un bain-marie, placez-y le sous vide et réglez à 139 F.

Pendant ce temps, dans un bol, mélanger les lentilles avec la viande, l'ail, la coriandre, la chapelure, les œufs et trois cuillères à soupe d'huile. Assaisonner avec du sel et du poivre noir. Avec vos mains, façonnez les galettes et déposez-les sur un plan de travail légèrement fariné. Placez soigneusement chaque burger dans un sac scellable sous vide et fermez-le. Plonger dans le bain-marie et cuire 1 heure.

Une fois le minuteur arrêté, retirez délicatement les burgers du sac et séchez-les avec une serviette en papier. Laisser de côté. Chauffer le reste de l'huile dans une grande poêle. Saisir les burgers 2 à 3 minutes de chaque côté pour plus de croustillant. Arroser les hamburgers de votre sauce préférée et transférer sur les petits pains. Garnir de laitue et de tomate et servir immédiatement.

Ragoût de boeuf haché

Temps de préparation + cuisson : 60 minutes | Portions : 3

Ingrédients:

4 aubergines moyennes, coupées en deux
½ tasse de bœuf haché maigre
2 tomates moyennes, hachées
¼ tasse d'huile d'olive extra vierge
2 cuillères à soupe d'amandes grillées finement hachées
1 cuillère à soupe de feuilles de céleri fraîches, finement hachées
Sel et poivre noir au goût
1 cuillère à café de thym

Adresses :

Préparez un bain-marie et placez-y le sous vide. Régler à 180 F. Couper les aubergines en deux dans le sens de la longueur. Retirer la viande et transférer dans un bol. Saupoudrez généreusement de sel et laissez reposer une dizaine de minutes.

Faites chauffer 3 cuillères à soupe d'huile à feu moyen. Faites revenir brièvement les aubergines 3 minutes de chaque côté et retirez-les de la poêle. Utilisez du papier absorbant pour absorber l'excès d'huile. Laisser de côté.

Mettez le bœuf haché dans la même poêle. Faire sauter pendant 5 minutes, ajouter les tomates et laisser mijoter jusqu'à ce que les tomates ramollissent. Ajoutez les aubergines, les amandes et les feuilles de céleri et laissez cuire 5 minutes. Éteignez le feu et ajoutez le thym.

Transférez le tout dans un grand sac thermoscellable sous vide. Libérez l'air par la méthode de déplacement d'eau, scellez et plongez le sac dans le bain-marie. Réglez la minuterie sur 40 minutes.

Une fois le minuteur arrêté, retirez le sachet et versez le contenu dans un grand bol. Goûtez et rectifiez les assaisonnements. Servir garni de persil, si désiré.

Filet de boeuf à la sauce tomate

Temps de préparation + cuisson : 2 heures 5 minutes | Portions : 3

Ingrédients:

1 livre de médaillons de filet de bœuf
1 tasse de tomates rôties sur le feu
1 cuillère à café de sauce au piment fort
3 gousses d'ail écrasées
2 cuillères à café de piment
2 cuillères à café de poudre d'ail
2 cuillères à café de jus de citron vert frais
1 feuille de laurier
2 cuillères à café d'huile végétale
Sel et poivre noir au goût

Adresses :

Préparez un bain-marie, placez-y le sous vide et réglez à 129 F. Assaisonnez la viande avec du sel et du poivre noir.

Dans un bol, mélanger les tomates rôties sur le feu avec la sauce au piment fort, l'ail écrasé, le piment, la poudre d'ail et le jus de citron vert. Ajouter le surlonge au mélange et remuer pour enrober. Placer dans un sac thermoscellable sous vide en une seule couche et sceller. Plonger dans le bain-marie et cuire 2 heures.

Une fois le chronomètre arrêté, retirez les médaillons et séchez-les. Jetez la feuille de laurier. Réservez le jus de cuisson. Faire revenir dans une poêle très chaude pendant environ 1 minute. Servir avec la sauce et la purée de pommes de terre.

Bœuf à l'oignon

Temps de préparation + cuisson : 1 heure 15 minutes | Portions : 3

Ingrédients:

¾ tasse de bœuf maigre, coupé en petits morceaux

2 gros oignons, pelés et finement hachés

¼ tasse d'eau

3 cuillères à soupe de moutarde

1 cuillère à café de sauce soja

1 cuillère à café de thym séché

2 cuillères à soupe d'huile végétale

2 cuillères à soupe d'huile de sésame

Adresses :

Préparez un bain-marie et placez-y le sous vide. Régler à 136 F. Rincer la viande et la sécher avec du papier absorbant. À l'aide d'un pinceau de cuisine, étalez la moutarde sur la viande et saupoudrez de thym séché.

Placer dans un sac sous vide avec la sauce soja, les oignons hachés et l'huile de sésame. Scellez le sac. et plonger dans le bain et cuire pendant 1 heure. Retirer du bain-marie. Séchez la viande avec une serviette en papier et réservez.

Chauffer l'huile végétale dans une grande poêle à feu moyen. Ajouter les côtelettes de bœuf et faire revenir 5 minutes en remuant constamment. Retirer du feu et servir.

Côtes de bœuf à l'ail

Temps de préparation + cuisson : 10 heures 15 minutes | Portions : 8

Ingrédients:

3 livres de côte de bœuf, parée
1 branche de romarin
1 branche de thym
Sel et poivre noir au goût
6 gousses d'ail
1 cuillère à soupe d'huile d'olive

Adresses :

Préparez un bain-marie et placez-y le sous vide. Régler à 140 F. Assaisonner les côtes levées avec du sel et du poivre et placer dans un sac thermoscellable avec le thym et le romarin. Libérez l'air par la méthode de déplacement d'eau, scellez et plongez le sac dans un bain-marie. Réglez la minuterie sur 10 heures.

Une fois le chronomètre arrêté, retirez le sac. Écrasez les gousses d'ail jusqu'à ce qu'elles forment une pâte, étalez la pâte sur la viande. Faites chauffer l'huile d'olive dans une poêle et faites dorer la viande de tous les côtés pendant quelques minutes.

Filet de boeuf aux mini carottes

Temps de préparation + cuisson : 2 heures 15 minutes | Portions : 5

Ingrédients:

2 livres de steak de bœuf

7 mini carottes, tranchées

1 oignon haché

1 tasse de concentré de tomate

2 cuillères à soupe d'huile végétale

2 cuillères à soupe de persil frais, finement haché

Sel et poivre noir au goût

Adresses :

Préparez un bain-marie et placez-y le sous vide. Réglez à 133 F. Lavez et séchez la viande avec du papier absorbant. À l'aide d'un couteau bien aiguisé, coupez-le en petits morceaux et assaisonnez de sel et de poivre.

Dans une poêle, faire dorer la viande dans l'huile à feu moyen, en la faisant dorer à nouveau uniformément pendant 5 minutes.

Maintenant, ajoutez les carottes et l'oignon tranchés dans la poêle et faites cuire jusqu'à ce qu'ils soient ramollis, environ 2 minutes. Ajouter le concentré de tomate, le sel et le poivre. Versez ½ tasse d'eau.

Retirer du feu et transférer dans un grand sac thermoscellable en une seule couche. Libérez l'air par la méthode de déplacement d'eau, scellez et plongez le sac dans le bain-marie. Réglez la minuterie sur 2 heures. Retirez le sac du bain et transférez le contenu dans une assiette de service. Servir garni de persil frais.

Côtes de boeuf au vin rouge

Temps de préparation + cuisson : 6 heures 15 minutes | Portions : 3

Ingrédients:

1 livre de côtes de bœuf

¼ tasse de vin rouge

1 cuillère à café de miel

½ tasse de concentré de tomate

2 cuillères à soupe d'huile d'olive

½ tasse de bouillon de bœuf

¼ tasse de vinaigre de cidre de pomme

1 gousse d'ail, hachée

1 cuillère à café de paprika

Sel et poivre noir au goût

Adresses :

Préparez un bain-marie et placez-y le sous vide. Régler à 140 F. Rincer et égoutter les côtes. Assaisonner avec du sel, du poivre et du paprika. Placer dans un sac sous vide en une seule couche avec le vin, la pâte de tomate, le bouillon de bœuf, le miel et le cidre de pomme. Libérez l'air par la méthode de déplacement d'eau, scellez et plongez le sac dans le bain-marie. Réglez la minuterie sur 6 heures. Séchez les côtes. Jetez les liquides de cuisson.

Dans une grande poêle, faire chauffer l'huile d'olive à feu moyen. Ajouter l'ail et faire revenir jusqu'à ce qu'il soit translucide. Déposer les côtes levées et saisir 5 minutes de chaque côté.

Boeuf au Poivre

Temps de préparation + cuisson : 6 heures 10 minutes | Portions : 2

Ingrédients:

1 livre de filet de bœuf, coupé en petits morceaux
1 gros oignon finement haché
1 cuillère à soupe de beurre fondu
1 cuillère à soupe de persil frais, finement haché
1 cuillère à café de thym séché, moulu
1 cuillère à soupe de jus de citron fraîchement pressé
1 cuillère à soupe de concentré de tomate
Sel et poivre noir au goût

Adresses :

Préparez un bain-marie et placez-y le sous vide. Régler à 158 F. Bien mélanger tous les ingrédients, sauf le persil, dans un grand sac scellable sous vide. Libérez l'air par la méthode de déplacement d'eau, scellez et plongez le sac dans le bain-marie. Réglez la minuterie sur 6 heures.

Une fois le minuteur arrêté, retirez-le du bain-marie et ouvrez le sachet. Servir aussitôt garni de persil frais haché.

Bœuf Stroganoff

Temps de préparation + cuisson : 24 heures 15 minutes | Portions : 4

Ingrédients:

1 livre de rôti de bœuf, coupé en morceaux
½ oignon haché
1 livre de champignons, tranchés
1 gousse d'ail, hachée
¼ tasse de vin blanc
4 cuillères à soupe de yaourt grec
½ tasse de bouillon de bœuf
1 cuillère à soupe de beurre
1 brin de persil plat frais
Sel et poivre noir au goût

Adresses :

Préparez un bain-marie et placez-y le sous vide. Régler à 140 F. Assaisonner la viande avec du sel et du poivre. Placer dans un sac hermétique et sceller. Plongez-les dans l'eau préchauffée et laissez cuire 24 heures.

Le lendemain, faites fondre le beurre dans une poêle à feu moyen. Ajouter l'oignon et l'ail et faire revenir jusqu'à ce qu'ils soient ramollis, environ 3 minutes. Ajouter les champignons et cuire encore 5 minutes. Versez le vin et le bouillon et laissez cuire jusqu'à ce que le mélange soit réduit de moitié.

Ajoutez la viande et laissez cuire encore une minute. Goûtez et rectifiez les assaisonnements. Servir chaud avec du persil frais haché.

Bouchées de viande avec sauce teriyaki et graines

Temps de préparation + cuisson : 70 minutes | Portions : 2

Ingrédients

2 steaks de boeuf

½ tasse de sauce teriyaki

2 cuillères à soupe de sauce soja

2 cuillères à café de piments frais hachés

1½ cuillères à soupe de graines de sésame grillées

2 cuillères à soupe de graines de pavot, grillées

8 onces de nouilles de riz

2 cuillères à soupe d'huile de sésame

1 cuillère à soupe de ciboulette finement hachée

Adresses

Préparez un bain-marie et placez-y le sous vide. Régler à 134 F. Couper la viande en cubes et placer dans un sac scellable sous vide. Ajouter 1/2 tasse de sauce teriyaki. Libérez l'air par la méthode de déplacement d'eau, scellez et plongez le sac dans le bain-marie. Cuire 60 minutes.

Dans un bol, mélanger la sauce soja et les piments. Dans un autre bol, mettez les graines de pavot. Au bout de 50 minutes, commencez la cuisson des nouilles. Égoutter et transférer dans un bol. Une fois le minuteur arrêté, retirez la viande et jetez le jus de cuisson. Faites chauffer l'huile de sésame dans une poêle à feu vif et ajoutez la viande avec 6 cuillères à soupe de sauce teriyaki. Cuire 5 secondes. Servir dans un bol et décorer de graines grillées.

Steak de flan au citron et au poivre

Temps de préparation + cuisson : 2 heures 15 minutes | Portions : 4

Ingrédients:

2 livres de steak de jupe
1 cuillère à soupe de zeste de citron vert
1 citron tranché
½ cuillère à café de poivre de Cayenne
1 cuillère à café de poudre d'ail
Sel et poivre noir au goût
¼ tasse de sirop d'érable
½ tasse de bouillon de poulet

Adresses :

Préparez un bain-marie et placez-y le sous vide. Régler à 148 F. Mélanger les épices et le zeste et frotter le steak. Laissez reposer environ 5 minutes.

Incorporer le bouillon et le sirop d'érable. Placer le filet dans un sachet sous vide et ajouter les tranches de citron. Libérez l'air par la méthode de déplacement d'eau, scellez et plongez le sac dans un bain-marie. Réglez la minuterie sur 2 heures. Une fois terminé, retirez-le et transférez-le sur un grill et faites cuire 30 secondes de chaque côté. Sers immédiatement.

Ragoût de viande et de légumes

Temps de préparation + cuisson : 4 heures 25 minutes | Portions : 12

Ingrédients:

16 onces de filet de bœuf, coupé en cubes
4 pommes de terre hachées
3 carottes tranchées
5 onces d'échalote, tranchée
1 oignon haché
2 gousses d'ail, hachées
¼ tasse de vin rouge
¼ tasse de crème épaisse
2 cuillères à soupe de beurre
1 cuillère à café de paprika
½ tasse de bouillon de poulet
½ cuillère à café de curcuma
Sel et poivre noir au goût
1 cuillère à café de jus de citron

Adresses :

Préparez un bain-marie et placez-y le sous vide. Réglez à 155 F. Placez la viande avec le sel, le poivre, le curcuma, le paprika et le vin rouge dans un sac refermable sous vide. Masser pour bien couvrir. Libérez l'air par la méthode de déplacement d'eau, scellez et plongez le sac dans un bain-marie. Réglez la minuterie sur 4 heures.

Pendant ce temps, mélangez le reste des ingrédients dans un autre sac sous vide. Fermez et plongez dans le même bain 3 heures avant la fin de la cuisson de la viande. Une fois terminé, retirez le tout et placez dans une casserole sur feu moyen et laissez cuire 15 minutes.

Steak de boeuf épicé

Temps de préparation + cuisson : 2 heures 10 minutes | Portions : 5

Ingrédients:

2 livres de steak de bœuf

3 cuillères à soupe d'huile d'olive

2 cuillères à café de zeste de citron

½ cuillère à café de poivre

1 cuillère à café d'origan

1 cuillère à soupe de beurre

¼ cuillère à café de flocons de piment rouge

Adresses :

Préparez un bain-marie et placez-y le sous vide. Régler à 130 F. Mélanger toutes les épices et frotter la viande. Placer dans un sac thermoscellable. Libérez l'air par la méthode de déplacement d'eau, scellez et plongez le sac dans un bain-marie. Réglez la minuterie sur 2 heures.

Une fois le minuteur arrêté, retirez le sachet et coupez le steak en 5 morceaux égaux. Faire dorer sur toutes les faces dans une poêle à feu moyen pendant environ 30 secondes.

Tourte à la viande du Worcestershire

Temps de préparation + cuisson : 2 heures 15 minutes | Portions : 4

Ingrédients:

1 livre de bœuf haché

1 tasse de chapelure

1 oignon haché

1 oeuf

1 tasse de yaourt

1 gousse d'ail, hachée

Sel et poivre noir au goût

Glaçage:

1 cuillère à soupe de sauce tomate

2 cuillères à café de cassonade

2 cuillères à soupe de sauce Worcestershire

Adresses :

Préparez un bain-marie et placez-y le sous vide. Régler à 170 F. Mélanger tous les ingrédients du pain de viande dans un bol. Mélangez avec les mains jusqu'à incorporation complète, placez dans un sachet sous vide et formez une bûche. Libérez l'air par la méthode de déplacement d'eau, scellez et plongez le sac dans un bain-marie. Réglez la minuterie sur 2 heures.

Une fois le minuteur arrêté, retirez le sachet et transférez-le dans un plat allant au four. Fouetter ensemble les ingrédients du glaçage et étaler sur le pain de viande. Cuire sous le gril jusqu'à ce que ça commence à bouillonner.

steak de boeuf ivre

Temps de préparation + cuisson : 2 heures 15 minutes | Portions : 4

Ingrédients:

1 livre de steak de bœuf
1 tasse de vin rouge
2 cuillères à café de beurre
1 cuillère à café de sucre
Sel et poivre noir au goût

Adresses :

Préparez un bain-marie et placez-y le sous vide. Régler à 131 F. Mélanger le vin rouge avec les épices et verser dans un sac refermable sous vide. Placez la viande à l'intérieur. Libérez l'air par la méthode de déplacement d'eau, scellez et plongez le sac dans un bain-marie. Réglez la minuterie sur 2 heures. Une fois le chronomètre arrêté, retirez le sac. Faites fondre le beurre dans une poêle et faites dorer la viande sur toutes ses faces pendant quelques minutes.

Délicieux rouleau de steak au fromage

Temps de préparation + cuisson : 75 minutes | Portions : 4

Ingrédients

2 poivrons, tranchés finement

½ oignon rouge, tranché finement

2 cuillères à soupe d'huile d'olive

Sel et poivre noir au goût

1 livre de bifteck de jupe cuit, tranché finement

4 petits pains moelleux

8 tranches de fromage cheddar

Adresses

Préparez un bain-marie et placez-y le sous vide. Régler à 186 F. Placer les poivrons, l'oignon et l'huile d'olive dans un sac sous vide. Épicez avec du sel et du poivre. Libérez l'air par la méthode de déplacement d'eau, scellez et plongez le sac dans le bain-marie. Cuire 60 minutes.

Au bout de 55 minutes, mettez le steak cuit à l'intérieur et plongez-le. Cuire encore 5 minutes. Une fois cela fait, retirez le sac et réservez. Préchauffer le four à 400 F. Couper les rouleaux en deux et garnir de fromage. Cuire au four 2 minutes. Transférer dans une assiette et garnir de poivrons, de filets et d'oignons.

Poitrine de miel et de Dijon

Temps de préparation + cuisson : 48 heures 20 minutes | Portions : 12

Ingrédients

6 livres de poitrine de bœuf

2 cuillères à soupe d'huile d'olive

4 grosses échalotes, tranchées

4 gousses d'ail pelées et écrasées

¼ tasse de vinaigre de cidre de pomme

½ tasse de concentré de tomate

½ tasse de miel

¼ tasse de moutarde de Dijon

2 tasses d'eau

1 cuillère à soupe de grains de poivre noir entiers

2 baies de piment de la Jamaïque séchées

Sel au goût

Adresses

Préparez un bain-marie et placez-y le sous vide. Réglez-le à 155F.

Faites chauffer l'huile d'olive dans une poêle à feu vif et saisissez la poitrine jusqu'à ce qu'elle soit dorée des deux côtés. Laisser de côté.

Dans la même poêle, à feu moyen, faire revenir les échalotes et l'ail pendant 10 minutes.

Mélanger le vinaigre, le miel, la pâte de tomate, la moutarde, le poivre, l'eau, le piment de la Jamaïque et les clous de girofle. Ajouter le mélange d'échalote. Bien mélanger. Placer la poitrine et le mélange dans un sac hermétique. Libérez l'air par la méthode de déplacement d'eau, scellez et plongez le sac dans le bain-marie. Cuire 48 heures.

Une fois le minuteur arrêté, retirez le sac et séchez la viande. Versez le jus de cuisson dans une casserole sur feu vif et laissez cuire jusqu'à ce que la sauce ait réduit de moitié, 10 minutes. Servir avec la poitrine.

Ragoût de faux-filet au romarin

Temps de préparation + cuisson : 6 heures 35 minutes | Portions : 12

Ingrédients

3 livres de faux-filet de bœuf avec os
Sel et poivre noir au goût
1 cuillère à soupe de poivron vert
1 cuillère à soupe de graines de céleri séchées
2 cuillères à soupe de poudre d'ail
4 brins de romarin
1 cuillère à soupe de cumin
1 tasse de bouillon de boeuf
2 blancs d'œufs

Adresses

Faire mariner la viande avec du sel. Laisser refroidir 12 heures. Préparez un bain-marie et placez-y le sous vide. Régler à 132 F. Placer la viande dans un sac scellable sous vide. Libérez l'air par la méthode de déplacement d'eau, scellez et plongez le sac dans le bain-marie. Cuire pendant 6 heures.

Préchauffer le four à 425 F. Une fois la minuterie arrêtée, retirez la viande et séchez-la. Mélangez les poivrons, les graines de céleri, la poudre d'ail, le cumin et le romarin. Saupoudrer le rosbif de blanc d'œuf, du mélange de céleri et de sel. Disposez le rôti sur une plaque à pâtisserie et enfournez pendant 10 minutes. Laisser refroidir 10 minutes et couper en tranches. Disposez la viande dans une assiette et nappez-la de sauce.

Divin Surlonge avec Purée de Patate Douce

Temps de préparation + cuisson : 1h20 | Portions : 4

Yoingrédients

4 steaks de surlonge

2 livres de patates douces, en cubes

¼ tasse d'assaisonnement pour steak

Sel et poivre noir au goût

4 cuillères à soupe de beurre

Huile de canola pour dorer

Adresses

Préparez un bain-marie et placez-y le sous vide. Régler à 129 F. Placer les filets assaisonnés dans un sac scellable sous vide. Libérez l'air par la méthode de déplacement d'eau, scellez et plongez le sac dans le bain-marie. Cuire 1 heure.

Faire bouillir les pommes de terre pendant 15 minutes. Égoutter et transférer dans un bol beurré. Mélangez et assaisonnez avec du sel et du poivre. Une fois le minuteur arrêté, retirez les filets et séchez-les. Faites chauffer l'huile dans une casserole à feu moyen. Faire dorer pendant 1 minute. Servir avec la purée de pommes de terre.

Tourte au boeuf aux champignons

Temps de préparation + cuisson : 2 heures 40 minutes | Portions : 4

Yoingrédients

1 livre de steak de filet de bœuf

Sel et poivre noir au goût

2 cuillères à soupe de moutarde de Dijon

1 feuille de pâte feuilletée décongelée

8 onces de champignons cremini

8 onces de champignons shiitake

1 échalote, coupée en dés

3 gousses d'ail, émincées

1 cuillère à soupe de beurre

6 tranches de bacon

Adresses

Préparez un bain-marie et placez-y le sous vide. Régler à 124 F. Assaisonner la viande avec du sel et du poivre et placer dans un sac scellable sous vide. Libérez l'air par la méthode de déplacement d'eau, scellez et plongez le sac dans le bain-marie. Cuire 2 heures. Mettez les champignons dans un robot culinaire et mélangez.

Dans une poêle chaude, faites cuire les échalotes et l'ail, lorsqu'ils sont tendres, ajoutez les champignons et laissez cuire jusqu'à évaporation de l'eau. Ajoutez 1 cuillère à soupe de beurre et faites cuire. Une fois le minuteur arrêté, retirez la viande et séchez-la.

Faites chauffer l'huile dans une poêle à feu moyen et saisissez la viande 30 secondes de chaque côté. Tartiner la viande de moutarde de Dijon. Sur une feuille de plastique, déposer les tranches de jambon serrano et le bacon. Disposez la viande dessus. Roulez-les et laissez-les refroidir pendant 20 minutes. Étalez la pâte feuilletée et tartinez-la d'oeuf. Mettez le bœuf à l'intérieur. Chauffer le four à 475 F et cuire au four pendant 10 minutes. Couper et servir.

Burgers au fromage classiques

Temps de préparation + cuisson : 1 heure 15 minutes | Portions : 4

Ingrédients

1 livre de bœuf haché
2 pains à hamburger
2 tranches de fromage cheddar
Sel et poivre noir au goût
Beurre pour griller

Adresses

Préparez un bain-marie et placez-y le sous vide. Régler à 137 F. Assaisonner la viande avec du sel et du poivre et former des galettes. Placer dans un sac thermoscellable. Libérez l'air par la méthode de déplacement d'eau, scellez et plongez le sac dans le bain-marie. Cuire 1 heure.

Pendant ce temps, faites chauffer une poêle et faites griller les petits pains avec le beurre. Une fois le minuteur arrêté, retirez les burgers et transférez-les dans une poêle. Saisir 30 secondes de chaque côté. Garnir le burger de fromage et cuire jusqu'à ce qu'il soit fondu. Placer le burger entre les petits pains et servir.

Nouilles de faux-filet au chou-fleur

Temps de préparation + cuisson : 2 heures 10 minutes | Portions : 2

Ingrédients

2 entrecôtes

8 oz de nouilles, bouillies et égouttées

2 tasses d'huile

2 tasses de chou-fleur, bouilli et égoutté

1 oignon tranché

2 tasses de bouillon de poulet chaud

2 cuillères à soupe de fécule de maïs

Sel et poivre noir au goût

Adresses

Préparez un bain-marie et placez-y le sous vide. Réglez à 134 F. Placez le faux-filet dans un sac scellable sous vide. Libérez l'air par la méthode de déplacement d'eau, scellez et plongez le sac dans un bain-marie. Cuire pendant 1 à 2 heures. Dans un bol, mélanger le bouillon de poulet et la fécule de maïs.

Faites chauffer l'huile dans une poêle et faites revenir les nouilles pendant 5 minutes; laisser de côté. Ajouter l'oignon et le chou-fleur et faire revenir avec le mélange de poulet. Cuire jusqu'à épaississement. Une fois cela fait, séchez la côte. Épicez avec du sel et du poivre. Transférer dans la poêle et saisir 1 minute de chaque côté. Dans un bol, mettez les nouilles, les légumes et le steak. Épicez avec du sel et du poivre.

Tacos aux côtes levées au kimchi et à l'avocat

Temps de préparation + cuisson : 2 heures 25 minutes | Portions : 4

Ingrédients

2 livres de côtes courtes, tranchées finement

½ tasse de sauce soja

3 tiges d'oignon vert, tranché

1 cuillère à soupe de sauce Tabasco

6 gousses d'ail, émincées

2 cuillères à soupe de cassonade

1 pouce de curcuma, râpé

1 cuillère à soupe d'huile de sésame

½ cuillère à café de poudre de poivron rouge

8 tortillas de maïs

Kimchi à couvrir

1 avocat tranché

Adresses

Préparez un bain-marie et placez-y le sous vide. Réglez-le à 138F.

Faites chauffer une casserole à feu moyen et mélangez la sauce soja, l'oignon vert, l'ail, la sauce Tabasco, la cassonade, le curcuma, la poudre de poivron rouge et l'huile de sésame. Cuire jusqu'à ce que le sucre se dissolve. Laisser refroidir.

Placer le mélange de sauce dans un sac sous vide. Libérez l'air par la méthode de déplacement d'eau, scellez et plongez le sac dans le bain-marie. Cuire 2 heures. Une fois le minuteur arrêté, retirez la sauce et transférez-la dans une casserole pour réduire. Sur un grill, déposer les côtes levées et cuire jusqu'à ce qu'elles soient croustillantes. Coupez les côtes en cubes. Créez un taco avec la tortilla, la viande et l'avocat. Garnir de kimchi et de sauce piquante.

Côtelettes de veau

Temps de préparation + cuisson : 2 heures 40 minutes | Portions : 4

Ingrédients:

2 (16 oz) steaks de bœuf
Sel et poivre noir au goût
2 cuillères à soupe d'huile d'olive

Adresses :

Préparez un bain-marie, placez-y le Sous Vide et réglez à 140 F. Frottez le bœuf avec du poivre et du sel et placez-le dans un sac sous vide. Libérez l'air en utilisant la méthode de déplacement d'eau et scellez le sac. Plongez-vous dans le bain-marie. Réglez la minuterie sur 2 heures et 30 minutes. Chef.

Une fois le chronomètre arrêté, retirez et ouvrez le sac. Retirez le veau, séchez-le avec du papier absorbant et frottez-le avec de l'huile d'olive. Préchauffer une plaque chauffante à feu vif pendant 5 minutes. Placez le steak et saisissez-le pour qu'il dore profondément des deux côtés. Retirer sur une planche de service. Servir avec de la salade.

Sauce de Bœuf au Porto

Temps de préparation + cuisson : 2 heures 5 minutes | Portions : 6

Ingrédients

3 cuillères à soupe de beurre

¾ tasse de bouillon de légumes

½ tasse de porto

¼ tasse de champignons shiitake tranchés

3 cuillères à soupe d'huile d'olive

4 gousses d'ail, émincées

1 poireau, partie blanche seulement, haché

Sel et poivre noir au goût

8 côtelettes de veau

1 brin de romarin frais

Adresses

Préparez un bain-marie et placez-y le sous vide. Régler à 141 F. Mélanger le bouillon, le porto, les champignons, le beurre, l'huile d'olive, l'ail, le poireau, le sel et le poivre. Placer le bœuf dans un grand sac sous vide. Ajouter le romarin et mélanger. Libérez l'air par la méthode de déplacement d'eau, scellez et plongez le sac dans le bain-marie. Cuire 1 heure et 45 minutes.

Une fois cela fait, retirez le bœuf et séchez-le. Jetez le romarin et transférez le jus de cuisson dans une casserole. Cuire 5 minutes. Ajouter le bœuf et cuire 1 minute. Garnir de sauce pour servir.

Bœuf portobello

Temps de préparation + cuisson : 2 heures 10 minutes | Portions : 4

Ingrédients:

2 livres de côtelettes de veau
1 tasse de bouillon de boeuf
4 champignons portobello, tranchés
1 cuillère à café de poudre d'ail
1 cuillère à soupe d'origan séché
3 cuillères à soupe de vinaigre balsamique
2 cuillères à soupe d'huile d'olive
Sel et poivre noir au goût

Adresses :

Préparez un bain-marie, placez-y le sous vide et réglez à 140 F.

Dans un bol, mélanger le bouillon de bœuf avec les champignons, la poudre d'ail, l'origan, le vinaigre balsamique, l'huile d'olive et le sel. Frottez bien chaque côtelette avec ce mélange et placez-la dans un grand sac thermoscellable en une seule couche. Ajouter le reste de la marinade et sceller. Plonger dans le bain-marie et cuire 2 heures.

Une fois le minuteur arrêté, retirez les côtelettes du sac et séchez-les. Laisser mijoter le jus de cuisson dans une casserole pendant environ 4 minutes. Ajouter les côtelettes et cuire 1 minute. Transférer dans des assiettes. Versez la sauce sur le bœuf et servez.

sauce au boeuf

Temps de préparation + cuisson : 1 heure 40 minutes | Portions : 3

Ingrédients:

½ lb de côtelettes de veau

Sel et poivre noir au goût

1 tasse de champignons, tranchés finement

⅓ tasse de crème épaisse

2 échalotes, tranchées finement

1 cuillère à soupe de beurre non salé

1 branche de feuilles de thym

1 cuillère à soupe de ciboulette ciselée pour décorer

Adresses :

Préparez un bain-marie et placez-y le sous vide. Régler à 129 F. Frotter les côtelettes avec de l'ail et du sel et placer le bœuf avec tous les autres ingrédients indiqués, à l'exception des oignons verts, dans un sac scellable sous vide.

Libérez l'air par la méthode de déplacement d'eau et scellez. Plongez-vous dans le bain-marie. Réglez la minuterie sur 1 heure et 30 minutes et faites cuire.

Une fois cela fait, sortez le sac et retirez le bœuf dans une assiette. Transférez la sauce dans une poêle, jetez le thym et laissez mijoter 5 minutes. Ajouter le bœuf et cuire 3 minutes. Garnir de ciboulette. Assister à.

Foie de boeuf de Dijon

Temps de préparation + cuisson : 85 minutes | Portions : 5

Ingrédients:

2 livres de foie de bœuf, tranché
2 cuillères à soupe de moutarde de Dijon
3 cuillères à soupe d'huile d'olive
1 cuillère à soupe de coriandre finement hachée
1 cuillère à café de romarin frais, finement haché
1 gousse d'ail écrasée
½ cuillère à café de thym

Adresses :

Faites un bain-marie, placez-y le sous vide et réglez à 129 F. Rincez bien le foie sous l'eau froide courante. Assurez-vous d'éliminer toute trace de sang. Sécher avec du papier absorbant. À l'aide d'un couteau de cuisine bien aiguisé, retirez toutes les veines, le cas échéant. Couper transversalement en fines tranches.

Dans un petit bol, mélanger l'huile d'olive, l'ail, la coriandre, le thym et le romarin. Mélanger jusqu'à ce que le tout soit bien incorporé. Badigeonner généreusement les tranches de foie de ce mélange et réfrigérer 30 minutes.

Sortir du réfrigérateur et placer dans un grand sac refermable sous vide. Plongez le sac scellé dans un bain-marie et réglez la minuterie sur 40 minutes. Une fois cela fait, ouvrez le sac. Beurrer une grande poêle avec un peu d'huile et y déposer des tranches de foie de bœuf. Faire dorer brièvement des deux côtés pendant 2 minutes. Servir avec des cornichons.

Côtelettes d'agneau à l'africaine aux abricots

Temps de préparation + cuisson : 2 heures 15 minutes | Portions : 2

Ingrédients

2 côtelettes de longe d'agneau
Sel et poivre noir au goût
1 cuillère à café de mélange d'épices
4 abricots
1 cuillère à soupe de miel
1 cuillère à café d'huile d'olive

Adresses

Préparez un bain-marie et placez-y le sous vide. Réglez-le à 134F.

Mélanger les agneaux avec du sel et du poivre. Frottez les côtelettes d'agneau avec le mélange d'épices et placez-les dans un sac sous vide. Ajoutez les abricots et le miel. Libérez l'air par la méthode de déplacement d'eau, scellez et plongez le sac dans le bain-marie. Cuire 2 heures.

Une fois le minuteur arrêté, retirez les côtelettes et séchez-les. Réservez les abricots et le liquide de cuisson. Faites chauffer une poêle à feu moyen et faites dorer l'agneau 30 secondes de chaque côté. Transférer dans une assiette et laisser refroidir 5 minutes. Arroser de liquide de cuisson. Décorer d'abricots.

Côtelettes d'agneau à la menthe et fruits secs

Temps de préparation + cuisson : 2 heures 35 minutes | Portions : 4

Ingrédients

500 g de côtelettes d'agneau

Sel et poivre noir au goût

1 tasse de feuilles de menthe fraîche

½ tasse de noix de cajou

½ tasse de persil frais emballé

½ tasse de ciboulette, tranchée

3 cuillères à soupe de jus de citron

2 gousses d'ail, hachées

6 cuillères à soupe d'huile d'olive

Adresses

Préparez un bain-marie et placez-y le sous vide. Régler à 125 F. Assaisonner l'agneau avec du sel et du poivre et placer dans un sac scellable sous vide. Libérez l'air par la méthode de déplacement d'eau, scellez et plongez le sac dans un bain-marie. Cuire 2 heures.

Dans un robot culinaire, mélanger la menthe, le persil, les noix de cajou, les oignons verts, l'ail et le jus de citron. Versez 4 cuillères à soupe d'huile d'olive. Épicez avec du sel et du poivre. Une fois le minuteur arrêté, retirez l'agneau, badigeonnez-le de 2 cuillères à soupe d'huile d'olive et transférez-le sur un grill chaud. Cuire 1 minute de chaque côté. Servir avec des noix.

Carré d'agneau mariné à la moutarde et au miel

Temps de préparation + cuisson : 1 heure 10 minutes | Portions : 4

Ingrédients

1 carré d'agneau, paré
3 cuillères à soupe de miel
2 cuillères à soupe de moutarde de Dijon
1 cuillère à café de vinaigre de Xérès
Sel au goût
2 cuillères à soupe d'huile d'avocat
Oignon rouge haché

Adresses

Préparez un bain-marie et placez-y le sous vide. Régler à 135 F. Bien mélanger tous les ingrédients, sauf l'agneau. Badigeonner l'agneau avec le mélange et placer dans un sac sous vide. Libérez l'air par la méthode de déplacement d'eau, scellez et plongez le sac dans le bain-marie. Cuire 1 heure.

Une fois le minuteur arrêté, retirez l'agneau et transférez-le dans une assiette. Réservez le jus de cuisson. Faites chauffer l'huile dans une poêle à feu moyen et faites dorer l'agneau 2 minutes de chaque côté. Hachez-le et arrosez-le du jus de cuisson. Garnir d'oignon rouge.

Boulettes de viande d'agneau avec sauce au yaourt

Temps de préparation + cuisson : 2 heures 15 minutes | Portions : 2

Ingrédients

½ livre d'agneau haché

¼ tasse de persil frais haché

¼ tasse d'oignon haché

¼ tasse d'amandes grillées, finement hachées

2 gousses d'ail, hachées

Sel au goût

2 cuillères à café de coriandre moulue

¼ cuillère à café de cannelle moulue

1 tasse de yaourt

½ tasse de concombre coupé en dés

3 cuillères à soupe de menthe fraîche hachée

1 cuillère à café de jus de citron

¼ cuillère à café de poivre de Cayenne

pain pita

Adresses

Préparez un bain-marie et placez-y le sous vide. Régler à 134 F. Mélanger l'agneau, l'oignon, l'amande, le sel, l'ail, la cannelle et la coriandre. Réalisez 20 boules et placez-les dans un sac thermoscellable. Libérez l'air par la méthode de déplacement d'eau, scellez et plongez le sac dans un bain-marie. Cuire 120 minutes.

Pendant ce temps, préparez la sauce en mélangeant le yaourt, la menthe, le concombre, le poivre de Cayenne, le jus de citron et 1 cuillère à soupe de sel. Une fois le minuteur arrêté, retirez les boules et enfournez pendant 3 à 5 minutes. Napper de sauce et servir avec du pain pita.

Riz d'agneau à l'épaule épicée

Temps de préparation + cuisson : 24 heures 10 minutes | Portions : 2

Ingrédients

1 épaule d'agneau rôtie, désossée

1 cuillère à soupe d'huile d'olive

1 cuillère à soupe de curry en poudre

2 cuillères à café de sel d'ail

1 cuillère à café de coriandre

1 cuillère à café de cumin moulu

1 cuillère à café de flocons de piment rouge séchés

1 tasse de riz brun cuit

Adresses

Préparez un bain-marie et placez-y le sous vide. Réglez à 158 F.

Mélanger l'huile d'olive, l'ail, le sel, le cumin, la coriandre et les flocons de piment. Faites mariner l'agneau. Placer dans un sac thermoscellable. Libérez l'air par la méthode de déplacement d'eau, scellez et plongez le sac dans un bain-marie. Cuire pendant 24 heures.

Une fois terminé, retirez l'agneau et coupez-le en tranches. Servir avec le jus de cuisson sur le riz.

Filets d'agneau au chili enrobés de graines de sésame

Temps de préparation + cuisson : 3 heures 10 minutes | Portions : 2

Ingrédients

2 filets d'agneau
2 cuillères à soupe d'huile d'olive
Sel et poivre noir au goût
2 cuillères à soupe d'huile d'avocat
1 cuillère à café de graines de sésame
Une pincée de flocons de piment rouge

Adresses

Préparez un bain-marie et placez-y le sous vide. Régler à 138 F. Placer l'agneau avec l'huile d'olive dans un sac scellable sous vide. Libérez l'air par la méthode de déplacement d'eau, scellez et plongez le sac dans un bain-marie. Cuire pendant 3 heures.

Une fois cela fait, séchez l'agneau. Épicez avec du sel et du poivre. Faites chauffer l'huile d'avocat dans une poêle à feu vif et faites dorer l'agneau. Couper en bouchées. Garnir de graines de sésame et de flocons de piment.

Agneau doux à la sauce moutarde

Temps de préparation + cuisson : 1 heure 10 minutes | Portions : 4

Yoingrédients

1 carré d'agneau, paré

3 cuillères à soupe de miel liquide

2 cuillères à soupe de moutarde de Dijon

1 cuillère à café de vinaigre de Xérès

Sel au goût

2 cuillères à soupe d'huile d'avocat

1 cuillère à soupe de thym

Graines de moutarde grillées pour décorer

Oignon vert haché

Adresses

Préparez un bain-marie et placez-y le sous vide. Régler à 135 F. Mélanger tous les ingrédients sauf l'agneau. Placer l'agneau dans un sac sous vide. Libérez l'air par la méthode de déplacement d'eau, scellez et plongez le sac dans le bain-marie. Cuire 1 heure. Une fois le minuteur arrêté, retirez l'agneau et transférez-le dans une assiette.

Faites chauffer l'huile dans une poêle à feu vif et faites dorer l'agneau 2 minutes de chaque côté. Hachez-les et recouvrez-les du jus de cuisson. Garnir d'oignon vert et de graines de moutarde grillées.

Agneau Citron Menthe

Temps de préparation + cuisson : 2 heures 15 minutes | Portions : 2

Ingrédients

1 carré d'agneau

Sel et poivre noir au goût

2 brins de romarin frais

¼ tasse d'huile d'olive

2 tasses de haricots de Lima frais, décortiqués, blanchis et pelés

1 cuillère à soupe de jus de citron

1 cuillère à soupe de ciboulette fraîche hachée

1 cuillère à soupe de persil frais haché

1 cuillère à soupe de menthe fraîche

1 gousse d'ail, hachée

Adresses

Préparez un bain-marie et placez-y le sous vide. Régler à 125 F. Assaisonner l'agneau avec du sel et du poivre et placer dans un sac scellable sous vide. Libérez l'air par la méthode de déplacement d'eau, scellez et plongez le sac dans un bain-marie. Cuire 2 heures.

Une fois le minuteur arrêté, retirez l'agneau et séchez-le. Faites chauffer 1 cuillère à soupe d'huile d'olive sur un grill à feu vif et saisissez l'agneau assaisonné pendant 3 minutes. Réservez et laissez refroidir.

Pour la salade, mélanger les fèves, le jus de citron, le persil, la ciboulette, la menthe, l'ail et 3 cuillères à soupe d'huile d'olive. Épicez avec du sel et du poivre. Coupez l'agneau en côtelettes et servez-le avec une salade de fèves.

Côtelettes d'agneau au citron avec sauce chimichurri

Temps de préparation + cuisson : 2 heures 15 minutes | Portions : 4

Ingrédients

4 côtelettes d'épaule d'agneau

2 cuillères à soupe d'huile d'avocat

Sel et poivre noir au goût

1 tasse de persil frais compact, haché

2 cuillères à soupe d'origan frais

1 gousse d'ail hachée finement

1 cuillère à soupe de vinaigre de champagne

1 cuillère à soupe de jus de citron

1 cuillère à soupe de paprika fumé

¼ cuillère à café de flocons de piment rouge broyés

1/3 tasse de beurre salé, ramolli

Adresses

Préparez un bain-marie et placez-y le sous vide. Régler à 132 F. Assaisonner l'agneau avec du sel et du poivre et placer dans un sac sous vide. Libérez l'air par la méthode de déplacement d'eau, scellez et plongez le sac dans le bain-marie. Cuire 2 heures.

Mélanger le persil, l'ail, l'origan, le vinaigre de champagne, le paprika, le jus de citron, les flocons de piment rouge, le poivre noir, le sel et le beurre ramolli dans un bol. Laisser refroidir au réfrigérateur.

Une fois le minuteur arrêté, retirez l'agneau et séchez-le. Épicez avec du sel et du poivre. Faites chauffer l'huile d'avocat dans une poêle à feu vif et faites revenir l'agneau quelques minutes sur toutes les faces. Garnir de vinaigrette au beurre et servir.

Gigot d'agneau aux légumes et sauce sucrée

Temps de préparation + cuisson : 48 heures 45 minutes | Portions : 4

Ingrédients

4 cuisses d'agneau

2 cuillères à soupe d'huile

2 tasses de farine tout usage

1 oignon rouge tranché

4 gousses d'ail écrasées et pelées

4 carottes, coupées en cubes moyens

4 branches de céleri moyennes, coupées en dés

3 cuillères à soupe de concentré de tomate

½ tasse de vinaigre de vin de Xérès

1 tasse de vin rouge

¾ tasse de miel

1 tasse de bouillon de boeuf

4 brins de romarin frais

2 feuilles de laurier

Sel et poivre noir au goût

Adresses

Préparez un bain-marie et placez-y le sous vide. Réglez-le à 155F.

Faites chauffer l'huile dans une poêle à feu vif. Assaisonner les cuisses avec du sel, du poivre et de la farine. Saisir jusqu'à ce qu'il soit doré. Laisser de côté. Réduire le feu et cuire l'oignon, les carottes, l'ail et le céleri pendant 10 minutes. Épicez avec du sel et du poivre. Ajoutez le concentré de tomate et laissez cuire encore 1 minute. Ajouter le vinaigre, le bouillon, le vin, le miel, les feuilles de laurier. Cuire 2 minutes.

Placer les légumes, la sauce et les agneaux dans un sac sous vide. Libérez l'air par la méthode de déplacement d'eau, scellez et plongez le sac dans le bain-marie. Cuire 48 heures.

Une fois le minuteur arrêté, retirez les tiges et séchez-les. Réservez le jus de cuisson. Saisir les cuisses pendant 5 minutes jusqu'à ce qu'elles soient dorées. Faites chauffer une casserole à feu vif et versez-y le jus de cuisson. Cuire jusqu'à réduction, 10 minutes. Transférer les cuisses dans une assiette et arroser de sauce pour servir.

Ragoût de bacon et d'agneau

Temps de préparation + cuisson : 24 heures 25 minutes | Portions : 6

Ingrédients

2 livres d'épaule d'agneau désossée, coupée en cubes

4 oz de bacon, coupé en lanières

1 tasse de vin rouge

2 cuillères à soupe de concentré de tomate

1 tasse de bouillon de boeuf

4 grosses échalotes, coupées en quartiers

4 petites carottes, hachées

4 branches de céleri hachées

3 gousses d'ail écrasées

1 livre de pommes de terre rattes, coupées dans le sens de la longueur

4 onces de champignons portobello séchés

3 brins de romarin frais

3 brins de thym frais

Sel et poivre noir au goût

Adresses

Préparez un bain-marie et placez-y le sous vide. Réglez-le à 146F.

Faites chauffer une poêle à feu vif et faites cuire la pancetta jusqu'à ce qu'elle soit dorée. Laisser de côté. Assaisonner l'agneau avec du sel et du poivre et le faire revenir dans la même poêle; laisser de côté. Versez le vin et le bouillon et laissez cuire 5 minutes.

Placer le mélange de vin, l'agneau, la pancetta, les jus de cuisson, les légumes et les herbes dans un sac sous vide. Libérez l'air par la méthode de déplacement d'eau, scellez et plongez le sac dans le bain-marie. Cuire pendant 24 heures.

Une fois le minuteur arrêté, retirez le sachet et transférez le jus de cuisson dans une casserole chaude sur feu moyen et laissez cuire 15 minutes. Faites dorer l'agneau quelques minutes et servez.

Côtelettes d'agneau au citron et au poivre avec chutney de papaye

Temps de préparation + cuisson : 1 heure 15 minutes | Portions : 4

Ingrédients

8 côtelettes d'agneau
2 cuillères à soupe d'huile d'olive
½ cuillère à café de Garam Masala
¼ cuillère à café de poivre citronné
Une pincée d'ail et de poivre
Sel et poivre noir au goût
½ tasse de yaourt
¼ tasse de coriandre fraîche, hachée
2 cuillères à soupe de chutney de papaye
1 cuillère à soupe de curry en poudre
1 cuillère à soupe d'oignon finement haché
Coriandre hachée pour décorer

Adresses

Préparez un bain-marie et placez-y le sous vide. Régler à 138 F. Badigeonner les côtelettes d'huile d'olive et garnir de Garam Masala, de poivre citronné, de poudre d'ail, de sel et de poivre.

Placer dans un sac thermoscellable. Libérez l'air par la méthode de déplacement d'eau, scellez et plongez le sac dans le bain-marie. Cuire 1 heure.

Pendant ce temps, préparez la sauce en mélangeant le yaourt, le chutney de papaye, la coriandre, le curry et l'oignon. Transférer dans une assiette. Une fois le minuteur arrêté, retirez l'agneau et séchez-le. Faites chauffer le reste de l'huile dans une poêle à feu moyen et saisissez l'agneau 30 secondes de chaque côté. Passer sur une plaque à pâtisserie. Servir les côtelettes avec la sauce au yaourt. Garnir de coriandre.

Brochettes d'agneau épicées

Temps de préparation + cuisson : 2 heures 20 minutes | Portions : 4

Ingrédients

1 livre de gigot d'agneau, désossé, coupé en cubes

2 cuillères à soupe de pâte de piment

1 cuillère à soupe d'huile d'olive

Sel au goût

1 cuillère à café de cumin

1 cuillère à café de coriandre

½ cuillère à café de poivre noir

yaourt grec

Feuilles de menthe fraîche pour servir

Adresses

Préparez un bain-marie et placez-y le sous vide. Régler à 134 F. Mélanger tous les ingrédients et placer dans un sac scellable sous vide. Libérez l'air par la méthode de déplacement d'eau, scellez et plongez le sac dans le bain-marie. Cuire 2 heures.

Une fois le minuteur arrêté, retirez l'agneau et séchez-le. Transférer l'agneau sur un grill et cuire 5 minutes. Réserver et laisser reposer 5 minutes. Servir avec du yaourt grec et de la menthe.

Agneau aux Herbes et Légumes

Temps de préparation + cuisson : 48 heures 30 minutes | Portions : 8)

Ingrédients

2 cuisses d'agneau, avec os
1 boîte de tomates en dés avec jus
1 tasse de bouillon de boeuf
1 tasse d'oignon finement haché
½ tasse de céleri, finement haché
½ tasse de carotte finement hachée
½ tasse de vin rouge
2 brins de romarin frais
Sel et poivre noir au goût
1 cuillère à café de coria moulue
1 cuillère à café de cumin moulu
1 cuillère à café de thym

Adresses

Préparez un bain-marie et placez-y le sous vide. Réglez-le à 149F.

Mélanger tous les ingrédients et placer dans un sac sous vide. Libérez l'air par la méthode de déplacement d'eau, scellez et plongez le sac dans le bain-marie. Cuire 48 heures.

Une fois le minuteur arrêté, retirez les tiges et transférez-les dans une assiette et laissez refroidir 48 heures. Nettoyez l'agneau en enlevant les os et le gras puis coupez-le en morceaux. Transférez le jus de cuisson sans gras et l'émincé d'agneau dans une casserole. Cuire 10 minutes à feu vif jusqu'à ce que la sauce épaississe. Assister à.

carré d'agneau à l'ail

Temps de préparation + cuisson : 1h30 | Portions : 4

Ingrédients

2 cuillères à soupe de beurre

2 côtes d'agneau, frites

1 cuillère à soupe d'huile d'olive

1 cuillère à soupe d'huile de sésame

4 gousses d'ail, émincées

4 brins de basilic frais, coupés en deux

Sel et poivre noir au goût

Adresses

Préparez un bain-marie et placez-y le sous vide. Régler à 130 F. Assaisonner les côtes d'agneau avec du sel et du poivre. Placer dans un grand sac thermoscellable. Libérez l'air par la méthode de déplacement d'eau, scellez et plongez le sac dans le bain-marie. Cuire 1 heure et 15 minutes.

Une fois la minuterie arrêtée, retirez la grille et séchez-la avec un torchon. Chauffer l'huile de sésame dans une poêle à feu vif et saisir sur une grille pendant 1 minute de chaque côté. Laisser de côté.

Mettez 1 cuillère à soupe de beurre dans la poêle et ajoutez la moitié de l'ail et la moitié du basilic. Couvrir sur une grille. Sceller la grille pendant 1 minute. Retournez et versez plus de beurre. Répétez le processus pour tous les racks. Couper en morceaux et servir 4 morceaux dans chaque assiette.

Agneau grillé en croûte d'herbes

Temps de préparation + cuisson : 3 heures 30 minutes | Portions : 6

Ingrédients:

Agneau:

3 grosses côtes d'agneau

Sel et poivre noir au goût

1 branche de romarin

2 cuillères à soupe d'huile d'olive

Écorce d'herbes :

2 cuillères à soupe de feuilles de romarin frais

½ tasse de noix de macadamia

2 cuillères à soupe de moutarde de Dijon

½ tasse de persil frais

2 cuillères à soupe de feuilles de thym frais

2 cuillères à soupe de zeste de citron

2 gousses d'ail

2 blancs d'œufs

Adresses :

Faites un bain-marie, placez-y le Sous Vide et réglez à 140 F.

Séchez l'agneau avec une serviette en papier et frottez la viande avec du sel et du poivre noir. Placer une poêle sur feu moyen et ajouter l'huile d'olive. Une fois chaud, saisir l'agneau des deux côtés pendant 2 minutes; laisser de côté.

Placer l'ail et le romarin, faire griller pendant 2 minutes et placer l'agneau dessus. Laissez l'agneau absorber les saveurs pendant 5 minutes.

Placez l'agneau, l'ail et le romarin dans un sac thermoscellable, libérez l'air en utilisant la méthode de déplacement d'eau et fermez le sac. Plongez le sac dans le bain-marie.

Réglez la minuterie pour cuire pendant 3 heures. Une fois le minuteur arrêté, retirez le sac, décompressez-le et retirez l'agneau. Battre les blancs d'œufs et réserver.

Mélangez le reste des ingrédients de l'écorce d'herbes répertoriés avec un mélangeur et réservez. Séchez l'agneau avec une serviette en papier et badigeonnez-le de blancs d'œufs. Tremper dans le mélange d'herbes et garnir gracieusement.

Placer les carrés d'agneau, côté croûte vers le haut, sur une plaque à pâtisserie. Cuire au four pendant 15 minutes. Coupez délicatement chaque côtelette avec un couteau bien aiguisé. Servir avec une purée de légumes.

Brochettes d'agneau et de cerises sud-africaines populaires

Temps de préparation + cuisson : 8 heures 40 minutes | Portions : 6

Ingrédients

¾ tasse de vinaigre de vin blanc

½ tasse de vin rouge sec

2 oignons hachés

4 gousses d'ail, émincées

Zeste de 2 citrons

6 cuillères à soupe de cassonade

2 cuillères à soupe de graines de carvi, écrasées

1 cuillère à soupe de confiture de cerises

1 cuillère à soupe de farine de maïs

1 cuillère à soupe de curry en poudre

1 cuillère à soupe de gingembre râpé

2 cuillères à café de sel

1 cuillère à café de piment de la Jamaïque

1 cuillère à café de cannelle en poudre

4½ livres d'épaule d'agneau, en cubes

1 cuillère à soupe de beurre

6 oignons perlés, pelés et coupés en deux

12 cerises séchées, coupées en deux

2 cuillères à soupe d'huile d'olive

Adresses

Préparez un bain-marie et placez-y le sous vide. Réglez-le sur 141F.

Mélanger le vinaigre, le vin rouge, l'oignon, l'ail, le zeste de citron, la cassonade, les graines de carvi, la confiture de cerises, la farine de maïs, la poudre de curry, le gingembre, le sel, le piment de la Jamaïque et la cannelle.

Placer l'agneau dans un grand sac sous vide. Libérez l'air par la méthode de déplacement d'eau, scellez et plongez le sac dans le bain-marie. Cuire pendant 8 heures. À 20 minutes de la fin, faites chauffer le beurre dans une casserole et faites revenir les oignons grelots pendant 8 minutes jusqu'à ce qu'ils soient ramollis. Réservez et laissez refroidir.

Une fois le minuteur arrêté, retirez l'agneau et séchez-le avec un torchon. Réservez le jus de cuisson et transférez-le dans une casserole à feu moyen et laissez cuire 10 minutes jusqu'à réduction de moitié. Remplissez la brochette de tous les ingrédients du kebab et roulez-les. Faites chauffer l'huile d'olive sur un grill à feu vif et faites cuire les brochettes 45 secondes par face.

Curry d'agneau et poivrons

Temps de préparation + cuisson : 30 heures 30 minutes | Portions : 4

Ingrédients

2 cuillères à soupe de beurre

2 poivrons, hachés

3 gousses d'ail, émincées

1 cuillère à café de curcuma

1 cuillère à café de cumin moulu

1 cuillère à café de paprika

1 cuillère à café de gingembre frais râpé

½ cuillère à café de sel

2 gousses de cardamome

2 brins de thym frais

2¼ livres d'agneau désossé, en cubes

1 gros oignon haché

3 tomates hachées

1 cuillère à café de piment de la Jamaïque

2 cuillères à soupe de yaourt grec

1 cuillère à soupe de coriandre fraîche hachée

Adresses

Préparez un bain-marie et placez-y le sous vide. Régler à 179 F. Mélanger 1 cuillère à soupe de beurre, les poivrons, 2 gousses d'ail, le curcuma, le cumin, le paprika, le gingembre, le sel, la cardamome et le thym. Placer l'agneau dans un sac sous vide avec le mélange de beurre. Libérez l'air par la méthode de déplacement d'eau, scellez et plongez le sac dans le bain-marie. Cuire pendant 30 heures.

Une fois le chronomètre arrêté, retirez le sac et mettez-le de côté. Faites chauffer le beurre dans une casserole à feu vif. Ajouter l'oignon et cuire 4 minutes. Ajouter l'ail restant et cuire encore 1 minute. Réduisez le feu et ajoutez les tomates et le piment de la Jamaïque. Cuire 2 minutes. Versez le yaourt, l'agneau et le jus de cuisson. Cuire 10 à 15 minutes. Garnir de coriandre.

Côtes d'agneau au fromage de chèvre

Temps de préparation + cuisson : 4 heures 10 minutes | Portions : 2

Ingrédients:

Côtes:

2 demi-côtes d'agneau

2 cuillères à soupe d'huile végétale

1 gousse d'ail, hachée

2 cuillères à soupe de feuilles de romarin hachées

1 cuillère à soupe de pollen de fenouil

Sel et poivre noir au goût

½ cuillère à café de poivre de Cayenne

Décorer:

250 g de fromage de chèvre émietté

2 oz de noix grillées, hachées

3 cuillères à soupe de persil haché

Adresses :

Faites un bain-marie, placez-y le Sous Vide et réglez à 134 F. Mélangez les ingrédients d'agneau répertoriés sauf l'agneau. Séchez l'agneau avec un torchon et frottez-le avec le mélange d'épices. Placez la viande dans un sac scellable sous vide, libérez l'air en utilisant la méthode de déplacement d'eau, fermez et plongez le sac dans le bain-marie. Réglez la minuterie sur 4 heures.

Une fois le minuteur arrêté, retirez l'agneau. Préchauffer un gril à feu vif et ajouter de l'huile. Saisir l'agneau jusqu'à ce qu'il soit doré. Coupez les côtes entre les os. Garnir de fromage de chèvre, de noix et de persil. Servir avec une sauce piquante.

épaule d'agneau

Temps de préparation + cuisson : 4 heures 10 minutes | Portions : 3

Ingrédients:

1 livre d'épaule d'agneau, désossée
Sel et poivre noir au goût
2 cuillères à soupe d'huile d'olive
1 gousse d'ail écrasée
1 branche de thym
1 branche de romarin

Adresses :

Préparez un bain-marie et placez-y le sous vide. Régler à 145 F. Sécher les épaules d'agneau avec une serviette en papier et frotter avec du poivre et du sel.

Placez l'agneau et le reste des ingrédients indiqués dans un sac sous vide. Libérez l'air par la méthode de déplacement d'eau, scellez et plongez le sac dans le bain-marie. Réglez la minuterie sur 4 heures.

Une fois terminé, retirez le sac et transférez les épaules d'agneau dans un plat allant au four. Versez le jus dans une casserole et faites cuire à feu moyen pendant 2 minutes. Préchauffer un grill pendant 10 minutes et griller l'épaule jusqu'à ce qu'elle soit dorée et croustillante. Servir l'épaule d'agneau et la sauce accompagnée de légumes beurrés.

Agneau Jalapeno Rôti

Temps de préparation + cuisson : 3 heures | Portions : 6

Ingrédients:

1 ½ cuillère à soupe d'huile de canola

1 cuillère à soupe de graines de moutarde noire

1 cuillère à café de graines de cumin

Sel et poivre noir au goût

4 livres de gigot d'agneau en papillon

½ tasse de feuilles de menthe hachées

½ tasse de feuilles de coriandre hachées

1 échalote hachée

1 gousse d'ail, hachée

2 jalapenos rouges, hachés

1 cuillère à soupe de vinaigre de vin rouge

1 ½ cuillère à soupe d'huile d'olive

Adresses :

Placez une poêle à feu doux sur une cuisinière. Ajouter ½ cuillère à soupe d'huile d'olive; une fois chauffé, ajoutez le cumin et les graines de moutarde et laissez cuire 1 minute. Éteignez le feu et transférez les graines dans un bol. Saupoudrer de sel et de poivre noir. Mélanger. Étalez la moitié du mélange d'épices à l'intérieur du gigot d'agneau et roulez-le. Fixez avec de la ficelle de boucher à intervalles de 1 pouce.

Assaisonner de sel et de poivre et masser. Répartir uniformément la moitié du mélange d'épices sur le gigot d'agneau, puis le rouler délicatement. Faites un bain-marie et placez-y le sous vide. Réglez à 145 F. Placez le gigot d'agneau dans un sac hermétique, libérez l'air en utilisant la méthode de déplacement d'eau, scellez-le et plongez-le dans le bain-marie. Réglez la minuterie sur 2 heures et 45 minutes et faites cuire.

Préparez la sauce; Ajouter l'échalote, la coriandre, l'ail, le vinaigre de vin rouge, la menthe et le piment rouge au mélange cumin-moutarde. Mélanger et assaisonner avec du sel et du poivre. Laisser de côté. Une fois le chronomètre arrêté, retirez et ouvrez le sac. Retirez l'agneau et séchez-le avec une serviette en papier.

Ajouter l'huile de canola sur une plaque chauffante en fonte, préchauffer à feu vif pendant 10 minutes. Placer l'agneau et saisir pour qu'il dore des deux côtés. Retirez la ficelle et coupez l'agneau en tranches. Servir avec la sauce.

Côtelettes d'agneau grillées au thym et à la sauge

Temps de préparation + cuisson : 3 heures 20 minutes | Portions : 6

Ingrédients

6 cuillères à soupe de beurre
4 cuillères à soupe de vin blanc sec
4 cuillères à soupe de bouillon de poulet
4 brins de thym frais
2 gousses d'ail, hachées
1½ cuillères à café de sauge fraîche hachée
1½ cuillère à café de cumin
6 côtelettes d'agneau
Sel et poivre noir au goût
2 cuillères à soupe d'huile d'olive

Adresses

Préparez un bain-marie et placez-y le sous vide. Réglez-le à 134F.

Faites chauffer une casserole à feu moyen et mélangez le beurre, le vin blanc, le bouillon, le thym, l'ail, le cumin et la sauge. Cuire 5 minutes. Laisser refroidir. Assaisonnez l'agneau avec du sel et du poivre. Placer dans trois sacs sous vide avec le mélange de beurre. Libérez l'air par la méthode de déplacement d'eau, scellez et plongez les sacs dans le bain-marie. Cuire pendant 3 heures.

Une fois terminé, retirez l'agneau et séchez-le avec un torchon. Badigeonner les côtelettes d'huile d'olive. Faites chauffer une poêle à feu vif et saisissez l'agneau 45 secondes de chaque côté. Laissez reposer 5 minutes.

Côtelettes d'agneau au chimichurri au basilic

Temps de préparation + cuisson : 3 heures 40 minutes | Portions : 4

Ingrédients:

Côtelettes d'agneau:

3 côtes d'agneau, cuites au four

3 gousses d'ail écrasées

Sel et poivre noir au goût

Chimichurri au basilic :

1 ½ tasse de basilic frais, finement haché

2 échalotes plantain, coupées en dés

3 gousses d'ail, émincées

1 cuillère à café de flocons de piment rouge

½ tasse d'huile d'olive

3 cuillères à soupe de vinaigre de vin rouge

Sel et poivre noir au goût

Adresses :

Préparez un bain-marie et placez-y le sous vide. Régler à 140 F. Sécher les grilles avec un torchon et frotter avec du poivre et du sel.

Placez la viande et l'ail dans un sac hermétique, libérez l'air en utilisant la méthode de déplacement d'eau et fermez le sac. Plongez le sac dans le bain-marie. Réglez la minuterie sur 2 heures et faites cuire.

Préparez le chimichurri au basilic : Mélangez tous les ingrédients indiqués dans un bol. Couvrir d'une pellicule plastique et réfrigérer 1 heure 30 minutes. Une fois le chronomètre arrêté, retirez le sachet et ouvrez-le. Retirez l'agneau et séchez-le avec une serviette en papier. Saisir au chalumeau jusqu'à ce qu'il soit doré. Versez le chimichurri au basilic sur l'agneau. Servir avec un accompagnement de légumes cuits à la vapeur.

Brochettes d'agneau harissa salées

Temps de préparation + cuisson : 2 heures 30 minutes | Portions : 10

Ingrédients

3 cuillères à soupe d'huile d'olive

4 cuillères à café de vinaigre de vin rouge

2 cuillères à soupe de pâte de piment

2 gousses d'ail, hachées

1½ cuillère à café de cumin moulu

1½ cuillères à café de coriandre moulue

1 cuillère à café de paprika fort

Sel au goût

1½ livre d'épaule d'agneau désossée, coupée en cubes

1 concombre, pelé et haché

Zeste et jus d'un ½ citron

1 tasse de yaourt à la grecque

Adresses

Préparez un bain-marie et placez-y le sous vide. Régler à 134 F. Mélanger 2 cuillères à soupe d'huile d'olive, le vinaigre, le piment, l'ail, le cumin, la coriandre, le paprika et le sel. Placer l'agneau et la sauce dans un sac sous vide. Libérez l'air par la méthode de déplacement d'eau, scellez et plongez le sac dans le bain. Cuire 2 heures.

Une fois le minuteur arrêté, retirez l'agneau et séchez-le avec un torchon. Jetez les jus de cuisson. Mélangez le concombre, le zeste et le jus de citron, le yaourt et l'ail pressé dans un petit bol. Laisser de côté. Remplissez la brochette avec l'agneau et roulez-la.

Faites chauffer l'huile dans une poêle à feu vif et faites cuire la brochette 1 à 2 minutes de chaque côté. Garnir de sauce citron-ail et servir.

Porc à la moutarde douce et oignons croustillants

Temps de préparation + cuisson : 48 heures 40 minutes | Portions : 6

Ingrédients

1 cuillère à soupe de sauce tomate

4 cuillères à soupe de moutarde au miel

2 cuillères à soupe de sauce soja

2¼ livres d'épaule de porc

1 gros oignon doux, coupé en fines rondelles

2 tasses de lait

1½ tasse de farine tout usage

2 cuillères à café de poudre d'oignon granulé

1 cuillère à café de paprika

Sel et poivre noir au goût

4 tasses d'huile végétale, pour la friture

Adresses

Préparez un bain-marie et placez-y le sous vide. Réglé à 159 F.

Mélangez bien la moutarde, la sauce soja et le ketchup pour obtenir une pâte. Frottez le porc avec la sauce et placez-le dans un sac sous vide. Libérez l'air par la méthode de déplacement d'eau, scellez et plongez le sac dans le bain-marie. Cuire 48 heures.

Pour faire les oignons : séparez les rondelles d'oignon dans un bol. Versez le lait dessus et laissez-les refroidir 1 heure. Mélangez la farine, la poudre d'oignon, le paprika et une pincée de sel et de poivre.

Chauffer l'huile dans une poêle à 375 F. Égoutter les oignons et les tremper dans le mélange de farine. Bien agiter et transférer dans la poêle. Faire frire pendant 2 minutes ou jusqu'à ce qu'ils soient croustillants. Transférer sur une plaque à pâtisserie et sécher avec un torchon. Répétez le processus avec les oignons restants.

Une fois le minuteur arrêté, retirez le porc, transférez-le sur une planche à découper et tirez le porc jusqu'à ce qu'il soit déchiqueté. Réservez le jus de cuisson et transférez-le dans une casserole chaude à feu moyen et laissez cuire 5 minutes jusqu'à réduction. Napper le porc de sauce et garnir d'oignons croustillants pour servir.

Délicieuses côtelettes de porc au basilic et citron

Temps de préparation + cuisson : 1 heure 15 minutes | Portions : 4

Ingrédients

4 cuillères à soupe de beurre

4 côtelettes de porc désossées

Sel et poivre noir au goût

Zeste et jus d'1 citron

2 gousses d'ail, écrasées

2 feuilles de laurier

1 branche de basilic frais

Adresses

Préparez un bain-marie et placez-y le sous vide. Régler à 141 F Assaisonner les côtelettes avec du sel et du poivre.

Placer les côtelettes avec le zeste et le jus de citron, l'ail, les feuilles de laurier, le basilic et 2 cuillères à soupe de beurre dans un sac sous vide. Libérez l'air par la méthode de déplacement d'eau, scellez et plongez le sac dans le bain-marie. Cuire 1 heure.

Une fois le minuteur arrêté, retirez les côtelettes et séchez-les avec un torchon. Réservez les herbes. Chauffer le reste du beurre dans une poêle à feu moyen et faire revenir 1 à 2 minutes de chaque côté.

Côtes levées à la sauce chinoise

Temps de préparation + cuisson : 4 heures 25 minutes | Portions : 4

Ingrédients

1/3 tasse de sauce hoisin

1/3 tasse de sauce soja noire

1/3 tasse de sucre

3 cuillères à soupe de miel

3 cuillères à soupe de vinaigre blanc

1 cuillère à soupe de pâte de haricots fermentée

2 cuillères à café d'huile de sésame

2 gousses d'ail, écrasées

Morceau de 1 pouce de gingembre frais râpé

1 ½ cuillère à café de poudre de cinq épices

Sel au goût

½ cuillère à café de poivre noir fraîchement moulu

3 livres de côtes levées

Feuilles de coriandre pour servir

Adresses

Préparez un bain-marie et placez-y le sous vide. Réglez à 168 F.

Dans un bol, mélanger la sauce hoisin, la sauce soja noire, le sucre, le vinaigre blanc, le miel, la pâte de haricots, l'huile de sésame, la poudre de cinq épices, le sel, le gingembre, le poivre blanc et le noir. Réservez 1/3 du mélange et laissez refroidir.

Badigeonner les côtes levées du mélange et répartir dans 3 sacs sous vide. Libérez l'air par la méthode de déplacement d'eau, scellez et plongez les sacs dans le bain-marie. Cuire pendant 4 heures.

Préchauffer le four à 400 F. Une fois la minuterie arrêtée, retirer les côtes et badigeonner du reste du mélange. Transférer sur une plaque à pâtisserie et mettre au four. Cuire au four pendant 3 minutes. Sortez et laissez reposer 5 minutes. Couper la grille et couvrir de coriandre.

Ragoût de porc et de haricots

Temps de préparation + cuisson : 7 heures 20 minutes | Portions : 8)

Ingrédients

2 cuillères à soupe d'huile végétale

1 cuillère à soupe de beurre

1 longe de porc coupée en cubes

Sel et poivre noir au goût

2 tasses d'oignons perlés surgelés

2 gros panais, hachés

2 gousses d'ail, hachées

2 cuillères à soupe de farine tout usage

1 tasse de vin blanc sec

2 tasses de bouillon de poulet

1 boîte de haricots blancs égouttés et rincés

4 brins de romarin frais

2 feuilles de laurier

Adresses

Préparez un bain-marie et placez-y le sous vide. Réglez-le à 138F.

Faites chauffer une poêle antiadhésive à feu vif avec le beurre et l'huile. Ajoutez le porc. Assaisonner de poivre et de sel. Cuire 7 minutes. Ajouter les oignons et cuire 5 minutes. Mélanger l'ail et le vin jusqu'à ce qu'ils bouillonnent. Ajouter les haricots, le romarin, le bouillon et les feuilles de laurier. Retirer du feu.

Placer le porc dans un sac sous vide. Libérez l'air par la méthode de déplacement d'eau, scellez et plongez le sac dans le bain-marie. Cuire pendant 7 heures. Une fois le chronomètre arrêté, retirez le sac et transférez-le dans un récipient. Garnir de romarin.

Côtes de porc jerk

Temps de préparation + cuisson : 20 heures 10 minutes | Portions : 6

Ingrédients:

5 lb (2) côtes de porc, carrés pleins
½ tasse de mélange d'assaisonnement jerk

Adresses :

Faites un bain-marie, placez-y le sous vide et réglez-le à 145 F. Coupez les grilles en deux et assaisonnez avec la moitié de l'assaisonnement jerk. Placez les grilles sur des grilles séparées scellables sous vide. Libérez l'air par la méthode de déplacement d'eau, scellez et plongez les sacs dans le bain-marie. Réglez la minuterie sur 20 heures.

Couvrez le bain-marie avec un sac pour réduire l'évaporation et ajoutez de l'eau toutes les 3 heures pour éviter que l'eau ne se dessèche. Une fois le chronomètre arrêté, retirez et ouvrez le sac. Transférer les côtes levées sur une plaque à pâtisserie tapissée de papier d'aluminium et préchauffer un gril à feu vif. Frottez les côtes avec le reste de l'assaisonnement jerk et placez-les sur le gril. Rôtir pendant 5 minutes. Couper en côtes individuelles.

Côtelettes de porc balsamique

Temps de préparation + cuisson : 1 heure 15 minutes | Portions : 5

Ingrédients:

2 livres de côtelettes de porc
3 gousses d'ail écrasées
½ cuillère à café de basilic séché
½ cuillère à café de thym séché
¼ tasse de vinaigre balsamique
Sel et poivre noir au goût
3 cuillères à soupe d'huile d'olive extra vierge

Adresses :

Préparez un bain-marie, placez-y le sous vide et réglez à 158 F. Assaisonnez généreusement les côtelettes de porc avec du sel et du poivre; laisser de côté.

Dans un petit bol, mélangez le vinaigre avec 1 cuillère à soupe d'huile d'olive, le thym, le basilic et l'ail. Bien mélanger et répartir uniformément le mélange sur la viande. Placer dans un grand sac hermétique et sceller. Plongez le sachet hermétiquement fermé dans le bain-marie et laissez cuire 1 heure.

Une fois le minuteur arrêté, retirez les côtelettes de porc du sac et séchez-les. Faites chauffer le reste de l'huile d'olive dans une poêle moyenne à feu vif. Saisir les côtelettes pendant une minute de chaque côté ou jusqu'à ce qu'elles soient dorées. Ajouter le jus de cuisson et laisser mijoter 3-4 minutes ou jusqu'à épaississement.

Côtes de porc désossées avec sauce aux arachides et à la noix de coco

Temps de préparation + cuisson : 8 heures 30 minutes | Portions : 3

Ingrédients:

½ tasse de lait de coco

2 ½ cuillères à soupe de beurre de cacahuète

2 cuillères à soupe de sauce soja

1 cuillère de sucre

3 pouces de citronnelle fraîche

1 ½ cuillère à soupe de sauce au poivre

1 ½ pouce de gingembre pelé

3 gousses d'ail

2 ½ cuillères à café d'huile de sésame

13 onces de côtes de porc désossées

Adresses :

Préparez un bain-marie et placez-y le sous vide. Régler à 135 F. Mélanger tous les ingrédients répertoriés dans un mélangeur, à l'exception des côtes de porc et de la coriandre, jusqu'à consistance lisse.

Placer les côtes levées dans un sac sous vide et ajouter la sauce. Libérez l'air en utilisant la méthode de déplacement d'eau et scellez le sac. Placer dans le bain-marie et régler la minuterie sur 8 heures.

Une fois le chronomètre arrêté, sortez le sachet, déballer-le et retirez les côtes levées. Transférer dans une assiette et réserver au chaud. Placez une poêle sur feu moyen et versez la sauce du sachet. Porter à ébullition pendant 5 minutes, baisser le feu et laisser mijoter 12 minutes.

Ajoutez les côtes levées et nappez-les de sauce. Laisser mijoter 6 minutes. Servir avec un accompagnement de légumes cuits à la vapeur.

Filet de porc au citron vert et à l'ail

Temps de préparation + cuisson : 2 heures 15 minutes | Portions : 2

Ingrédients:

2 cuillères à soupe de poudre d'ail

2 cuillères à soupe de cumin moulu

2 cuillères à soupe de thym séché

2 cuillères à soupe de romarin séché

1 pincée de sel marin au citron vert

2 (3 lb) longe de porc, peau argentée enlevée

2 cuillères à soupe d'huile d'olive

3 cuillères à soupe de beurre non salé

Adresses :

Faites un bain-marie, placez-y le sous vide et réglez à 140 F. Ajoutez le cumin, la poudre d'ail, le thym, le sel de citron vert, le romarin et le sel de citron vert dans un bol et mélangez uniformément. Badigeonner le porc d'huile d'olive et frotter avec le mélange de sel et de cumin.

Placez le porc dans deux sacs séparés sous vide. Libérez l'air en utilisant la méthode de déplacement d'eau et scellez les sacs. Tremper dans le bain-marie et régler la minuterie sur 2 heures.

Une fois le chronomètre arrêté, retirez et ouvrez le sac. Retirez le porc et séchez-le avec une serviette en papier. Jetez le jus dans le sac. Préchauffer une poêle en fonte à feu vif et ajouter le beurre. Placer dans le porc et saisir jusqu'à ce qu'il soit doré. Laissez le porc reposer sur une planche à découper. Coupez-les en médaillons de 2 pouces.

Côtes de porc barbecue

Temps de préparation + cuisson : 1 heure 10 minutes | Portions : 4

Ingrédients:

1 livre de côtes de porc
1 cuillère à café de poudre d'ail
Sel et poivre noir au goût
1 tasse de sauce barbecue

Adresses :

Faites un bain-marie, placez-y le sous vide et réglez à 140 F. Frottez du sel et du poivre sur les côtes de porc, placez-les dans un sac scellable sous vide, libérez l'air et fermez-le. Mettez dans l'eau et réglez la minuterie sur 1 heure.

Une fois le chronomètre arrêté, retirez et ouvrez le sac. Retirer les côtes et recouvrir de sauce BBQ. Laisser de côté. Préchauffer un grill. Une fois chaudes, saisissez les côtes de tous les côtés pendant 5 minutes. Servir avec une sauce de votre choix.

Surlonge à l'érable et pommes sautées

Temps de préparation + cuisson : 2 heures 20 minutes | Portions : 4

Ingrédients

1 livre de longe de porc

1 cuillère à soupe de romarin frais haché

1 cuillère à soupe de sirop d'érable

1 cuillère à café de poivre noir

Sel au goût

1 cuillère à soupe d'huile d'olive

1 pomme coupée en cubes

1 petite échalote, tranchée finement

¼ tasse de bouillon de légumes

½ cuillère à café de cidre de pomme

Adresses

Préparez un bain-marie et placez-y le sous vide. Régler à 135 F. Retirer la peau du filet et couper en deux. Mélangez le romarin, le sirop d'érable, le poivre moulu et 1 cuillère à soupe de sel. Saupoudrer sur le filet. Placer dans un sac thermoscellable. Libérez l'air par la méthode de déplacement d'eau, scellez et plongez le sac dans le bain-marie. Cuire 2 heures.

Une fois le chronomètre arrêté, retirez le sac et séchez-le. Réservez le jus de cuisson. Faites chauffer l'huile d'olive dans une poêle à feu moyen et faites revenir le filet mignon pendant 5 minutes. Laisser de côté.

Baissez le feu et ajoutez la pomme, le romarin et l'échalote. Assaisonner de sel et faire sauter pendant 2-3 minutes jusqu'à ce qu'ils soient dorés. Ajouter le vinaigre, le bouillon et le jus de cuisson. Laisser mijoter encore 3 à 5 minutes. Coupez la longe en médaillons et servez avec le mélange de pommes.

Poitrine de porc fumée au paprika

Temps de préparation + cuisson : 24 heures 15 minutes | Portions : 8

Ingrédients:

1 livre de poitrine de porc
½ cuillère à soupe de paprika fumé
½ cuillère à café de poudre d'ail
1 cuillère à café de coriandre
½ cuillère à café de flocons de piment
Sel et poivre noir au goût

Adresses :

Préparez un bain-marie et placez-y le sous vide. Régler à 175 F. Mélanger toutes les épices dans un petit bol et frotter ce mélange dans la poitrine de porc. Placer le mélange dans un sac hermétique. Libérez l'air par la méthode de déplacement d'eau, scellez et plongez le sac dans un bain-marie. Réglez la minuterie sur 24 heures.

Une fois terminé, retirez le sachet, transférez le liquide de cuisson dans une casserole et déposez la pancetta dans une assiette. Laisser mijoter le liquide de cuisson jusqu'à ce qu'il soit réduit de moitié. Arroser le porc et servir.

Tacos carnitas au porc

Temps de préparation + cuisson : 3 heures 10 minutes | Portions : 4

Ingrédients:

2 livres d'épaule de porc
3 gousses d'ail, émincées
2 feuilles de laurier
1 oignon haché
Sel et poivre noir au goût
Tortillas de maïs

Adresses :

Préparez un bain-marie et placez-y le sous vide. Réglez-le à 185F.

Pendant ce temps, mélangez toutes les épices et frottez le mélange sur le porc. Placer dans un sac sous vide avec les feuilles de laurier, l'oignon et l'ail. Libérez l'air par la méthode de déplacement d'eau, scellez et plongez le sac dans un bain-marie. Réglez la minuterie sur 3 heures.

Une fois terminé, transférez sur une planche à découper et écrasez-le avec 2 fourchettes. Répartir sur les tortillas de maïs et servir.

Porc salé glacé à la moutarde et à la mélasse

Temps de préparation + cuisson : 4 heures 15 minutes | Portions : 6

Ingrédients

2 livres de longe de porc rôtie

1 feuille de laurier

3 onces de mélasse

½ once de sauce soja

½ once de miel

Jus de 2 citrons

2 lanières de zeste de citron

4 ciboulette hachée

½ cuillère à café de poudre d'ail

¼ cuillère à café de moutarde de Dijon

¼ cuillère à café de piment de la Jamaïque moulu

1 oz de chips de maïs écrasées

Adresses

Préparez un bain-marie et placez-y le sous vide. Réglez-le à 142F.

Placer le filet de porc et le laurier dans un sac sous vide. Ajouter la mélasse, la sauce soja, le zeste de citron, le miel, les oignons verts, la poudre d'ail, la moutarde et le piment de la Jamaïque et bien agiter. Libérez l'air par la méthode de déplacement d'eau, scellez et plongez le sac dans le bain-marie. Cuire pendant 4 heures.

Une fois le chronomètre arrêté, retirez le sac. Versez le reste du mélange dans une casserole et faites bouillir jusqu'à réduction. Servir le porc avec la sauce et garnir de chips de maïs écrasées. Garnir d'oignon vert.

Cou de porc rôti

Temps de préparation + cuisson : 1h20 | Portions : 8

Ingrédients:

2 livres de cou de porc, désossé et coupé en 2

4 cuillères à soupe d'huile d'olive

2 cuillères à café de sauce soja

2 cuillères à soupe de sauce barbecue

½ cuillère à soupe de sucre

4 branches de romarin effeuillées

4 branches de thym effeuillées

2 gousses d'ail, hachées

Sel et poivre blanc au goût

¼ cuillère à café de flocons de piment rouge

Adresses :

Faites un bain-marie, placez-y le sous vide et réglez-le à 140 F. Frottez le porc avec du sel et du poivre. Placer la viande dans 2 sacs séparés sous vide, libérer l'air et sceller. Allumez le bain-marie et réglez la minuterie sur 1 heure.

Une fois le chronomètre arrêté, retirez et ouvrez les sacs. Mélangez le reste des ingrédients de la liste. Préchauffer le four à 425 F. Placer le porc dans un plat allant au four et frotter généreusement le mélange de sauce soja sur le porc. Cuire au four pendant 15 minutes. Laissez le porc refroidir avant de le trancher. Servir avec un accompagnement de légumes cuits à la vapeur.

Côtes de porc

Temps de préparation + cuisson : 12 heures 10 minutes | Portions : 4

Ingrédients:

1 carré de côtes de porc
2 cuillères à soupe de cassonade
½ tasse de sauce barbecue
1 cuillère à soupe de poudre d'ail
2 cuillères à soupe de paprika
Sel et poivre noir au goût
1 cuillère à soupe de poudre d'oignon

Adresses :

Préparez un bain-marie et placez-y le sous vide. Régler à 165 F. Placer le porc avec les épices dans un sac scellable sous vide. Libérez l'air par la méthode de déplacement d'eau, scellez et plongez le sac dans un bain-marie. Réglez la minuterie sur 12 heures.

Une fois le minuteur arrêté, sortez les côtes levées du sac et arrosez de sauce barbecue. Envelopper dans du papier aluminium et placer sous le grill quelques minutes. Sers immédiatement.

Côtelettes de porc au thym

Temps de préparation + cuisson : 70 minutes | Portions : 4

Ingrédients:

4 côtelettes de porc
2 cuillères à café de thym frais
1 cuillère à soupe d'huile d'olive
Sel et poivre noir au goût

Adresses :

Préparez un bain-marie et placez-y le sous vide. Régler à 145 F. Mélanger le porc avec le reste des ingrédients dans un sac scellable sous vide. Libérez l'air par la méthode de déplacement d'eau, scellez et plongez le sac dans un bain-marie. Réglez la minuterie sur 60 minutes. Une fois cela fait, retirez le sachet et faites-le dorer dans une poêle quelques secondes de chaque côté avant de servir.

côtes de porc

Temps de préparation + cuisson : 75 minutes | Portions : 6

Ingrédients:

2 livres de porc haché

½ tasse de chapelure

1 oeuf

1 cuillère à café de paprika

Sel et poivre noir au goût

1 cuillère à soupe de farine

2 cuillères à soupe de beurre

Adresses :

Préparez un bain-marie et placez-y le sous vide. Régler à 140 F. Mélanger le porc, l'œuf, le paprika, la farine et le sel. Former des escalopes et placer chacune dans un petit sac thermoscellable. Libérez l'air par la méthode de déplacement d'eau, scellez et plongez le sac dans un bain-marie. Réglez la minuterie sur 60 minutes.

Une fois le chronomètre arrêté, retirez le sac. Faire fondre le beurre dans une poêle à feu moyen. Couvrir les côtelettes avec la viande émiettée et cuire jusqu'à ce qu'elles soient dorées de tous les côtés. Servir et déguster.

Côtelettes de sauge et de cidre

Temps de préparation + cuisson : 70 minutes | Portions : 2

Yoingrédients

2 côtelettes de porc
1 brin de romarin haché
Sel et poivre noir au goût
1 gousse d'ail, hachée
1 tasse de cidre dur, divisé
1 cuillère à café de sauge
1 cuillère à soupe d'huile végétale
1 cuillère de sucre

Adresses

Préparez un bain-marie et placez-y le sous vide. Réglez-le à 138F.

Dans un bol, mélanger le sel, le poivre, la sauge, le romarin et l'ail. Frottez les côtelettes avec ce mélange et placez-les dans un sac sous vide. Ajouter 1/4 tasse de cidre dur. Libérez l'air par la méthode de déplacement d'eau, scellez et plongez le sac dans le bain-marie. Cuire 45 minutes.

Une fois cela fait, retirez le sac. Faites chauffer l'huile dans une poêle à feu moyen et faites revenir les légumes. Ajouter les côtelettes et saisir jusqu'à ce qu'elles soient dorées. Laissez reposer 5 minutes. Versez le jus de cuisson dans la casserole avec 1 tasse de cidre et le sucre. Continuez à remuer jusqu'à ce qu'il soit fondu. Pour servir, napper les côtelettes de sauce.

Filet de porc au romarin

Temps de préparation + cuisson : 2 heures 15 minutes | Portions : 4

Ingrédients:

1 livre de longe de porc
2 gousses d'ail
2 brins de romarin
1 cuillère à soupe de romarin séché
Sel et poivre noir au goût
1 cuillère à soupe d'huile d'olive

Adresses :

Préparez un bain-marie et placez-y le sous vide. Régler à 140 F. Assaisonner la viande avec du sel, du romarin et du poivre et placer dans un sac hermétique avec l'ail et le romarin à l'intérieur. Libérez l'air par la méthode de déplacement d'eau, scellez et plongez le sac dans un bain-marie. Réglez la minuterie sur 2 heures.

Une fois le chronomètre arrêté, retirez le sac. Faites chauffer l'huile dans une poêle à feu moyen. Faites dorer la viande de tous les côtés pendant environ 2 minutes.

Pancetta au paprika et oignons perlés

Temps de préparation + cuisson : 1h50 | Portions : 4

Ingrédients

1 livre d'oignons perlés, pelés

4 tranches de bacon, émiettées et cuites

1 cuillère à soupe de thym

1 cuillère à café de paprika

Adresses

Préparez un bain-marie et placez-y le sous vide. Régler à 186 F. Placer la pancetta, les oignons grelots, le thym et le paprika dans un sac thermoscellable. Libérez l'air par la méthode de déplacement d'eau, scellez et plongez le sac dans le bain. Cuire 90 minutes. Une fois terminé, retirez le sachet et jetez le jus de cuisson.

Côtelettes de porc à la tomate et purée de pommes de terre

Temps de préparation + cuisson : 5 heures 40 minutes | Portions : 4

Ingrédients

500 g de côtelettes de porc sans peau

Sel et poivre noir au goût

1 tasse de bouillon de boeuf

½ tasse de sauce tomate

1 branche de céleri, coupée en dés de 1 pouce

1 échalote, coupée en quartiers

3 brins de thym frais

1 oz de purée de pommes de terre rouge

Adresses

Préparez un bain-marie et placez-y le sous vide. Réglez-le à 182F.

Saupoudrez les côtelettes de sel et de poivre, puis placez-les dans un sac sous vide. Ajouter le bouillon, la sauce tomate, l'échalote, le whisky, le céleri et le thym. Libérez l'air par la méthode de déplacement d'eau, scellez et plongez le sac dans le bain-marie. Cuire 5 heures.

Une fois le minuteur arrêté, retirez les côtelettes et transférez-les dans une assiette. Réservez les liquides de cuisson. Faites chauffer une casserole à feu vif et versez-y les jus égouttés ; porter à ébullition. Réduisez le feu et remuez pendant 20 minutes. Ajoutez ensuite les côtelettes et laissez cuire encore 2-3 minutes. Servir avec une purée de pommes de terre.

Toasts aux œufs et bacon croustillant

Temps de préparation + cuisson : 70 minutes | Portions : 2

Ingrédients

4 gros jaunes d'œufs
2 tranches de bacon
4 tranches de pain grillé

Adresses

Préparez un bain-marie et placez-y le sous vide. Régler à 143 F. Placer les jaunes d'œufs dans un sac scellable sous vide. Libérez l'air par la méthode de déplacement d'eau, scellez et plongez le sac dans un bain-marie. Cuire 60 minutes.

Pendant ce temps, coupez le bacon en tranches et faites-le frire jusqu'à ce qu'il soit croustillant. Transférer sur une plaque à pâtisserie. Une fois le minuteur arrêté, retirez les jaunes et transférez-les sur le pain grillé. Garnir de pancetta et servir.

Surlonge épicé avec sauce papaye sucrée

Temps de préparation + cuisson : 2 heures 45 minutes | Portions : 4

Yoingrédients

¼ tasse de bouillon léger sucré

1 cuillère à soupe de piment de la Jamaïque moulu

½ cuillère à café de poivre de Cayenne

¼ cuillère à café de cannelle moulue

¼ cuillère à café de clous de girofle moulus

Sel et poivre noir au goût

2 livres de longe de porc

2 cuillères à soupe d'huile de canola

2 papayes dénoyautées et pelées, hachées finement

¼ tasse de coriandre fraîche, hachée

1 poivron rouge épépiné, équeuté et finement haché

3 cuillères à soupe d'oignon rouge finement haché

2 cuillères à soupe de jus de citron vert

1 petit piment jalapeno épépiné et coupé en dés

Adresses

Préparez un bain-marie et placez-y le sous vide. Régler à 135 F. Mélanger le sucre, le piment de la Jamaïque, la cannelle, le poivre de Cayenne, les clous de girofle, le cumin, le sel et le poivre. Saupoudrer sur le filet.

Faites chauffer l'huile dans une poêle à feu moyen et faites dorer le filet mignon pendant 5 minutes. Transférer dans une assiette et laisser reposer 10 minutes. Placer dans un sac thermoscellable. Libérez l'air par la méthode de déplacement d'eau, scellez et plongez le sac dans un bain-marie. Cuire 2 heures.

Une fois le minuteur arrêté, retirez le filet et laissez-le reposer 10 minutes. Coupez-les en tranches. Pour la sauce, mélangez la papaye, la coriandre, le poivron, l'oignon, le jus de citron vert et le jalapeño. Servir la longe et recouvrir de sauce. Saupoudrer de sel et de poivre et servir.

Délicieuses pommes de terre et bacon à la ciboulette

Temps de préparation + cuisson : 1h50 | Portions : 6

Ingrédients

1 ½ livre de pommes de terre Russet, tranchées
½ tasse de bouillon de poulet
Sel et poivre noir au goût
4 oz de bacon, coupé en lanières épaisses
½ tasse d'oignon haché
1/3 tasse de vinaigre de cidre de pomme
4 ciboulette, tranchées finement

Adresses

Préparez un bain-marie et placez-y le sous vide. Régler à 186 F. Placer les pommes de terre dans un sac scellable sous vide. Épicez avec du sel et du poivre. Libérez l'air par la méthode de déplacement d'eau, scellez et plongez le sac dans un bain-marie. Cuire 1 heure et 30 minutes. Une fois terminé, retirez les pommes de terre dans une assiette.

Faites chauffer une poêle à feu moyen et faites cuire les lardons pendant 5 minutes. Transférer sur une plaque à pâtisserie. Dans la même poêle, faites revenir l'oignon 1 minute. Ajouter les pommes de terre, le bacon cuit et le vinaigre. Cuire jusqu'à ébullition. Ajoutez la ciboulette et assaisonnez de sel et de poivre.

Côtelettes de porc croustillantes

Temps de préparation + cuisson : 1 heure 15 minutes | Portions : 3

Ingrédients

3 côtelettes de longe de porc

Sel et poivre noir au goût

1 tasse de farine

1 cuillère à café de sauge

2 oeufs entiers

Chapelure de Panko pour enrober les côtelettes

Adresses

Préparez un bain-marie et placez-y le sous vide. Régler à 138 F. Couper la longe en tranches sans gras. Assaisonner de sauge, sel et poivre. Placer dans un sac thermoscellable. Libérez l'air par la méthode de déplacement d'eau, scellez et plongez le sac dans un bain-marie. Cuire 1 heure.

Une fois le minuteur arrêté, retirez les côtelettes et séchez-les. Tremper le filet dans la farine, puis dans l'œuf et enfin dans la chapelure de panko. Répétez le processus pour toutes les tranches. Faites chauffer l'huile dans une poêle à plus de 450 F et faites revenir les côtelettes pendant 1 minute. Laisser refroidir et couper en tranches. Servir avec du riz et des légumes.

Côtelettes de porc sucrées à la poire et aux carottes

Temps de préparation + cuisson : 4 heures 15 minutes | Portions : 2

Ingrédients

2 côtelettes de porc désossées
Sel et poivre noir au goût
10 feuilles de sauge
2 tasses de carottes râpées
1 poire, râpée
1 cuillère à soupe de vinaigre de cidre de pomme
1 cuillère à café d'huile d'olive
1 cuillère à café de miel
Jus de ½ citron
2 cuillères à soupe de persil frais haché
1 cuillère à soupe de beurre

Adresses

Assaisonnez les côtelettes avec du sel et du poivre. Étalez des feuilles de sauge sur les côtelettes et laissez-les reposer. Préparez un bain-marie et placez-y le sous vide. Régler à 134 F. Placer les côtelettes dans un sac scellable sous vide. Libérez l'air par la méthode de déplacement d'eau, scellez et plongez le sac dans un bain-marie. Cuire 2 heures.

Nouilles ramen au porc et aux champignons

Temps de préparation + cuisson : 24 heures 15 minutes | Portions : 2

Ingrédients

8 oz de nouilles ramen, cuites et égouttées

¾ livre d'épaule de porc

6 tasses de bouillon de poulet

1 tasse de champignons enoki

2 cuillères à café de sauce soja

2 gousses d'ail, hachées

2 cuillères à café de gingembre haché

2 cuillères à café d'huile de sésame

2 ciboulette tranchée

Adresses

Préparez un bain-marie et mettez-y du Sous Vide. Régler à 158 F. Placer le porc dans un sac scellable sous vide. Libérez l'air par la méthode de déplacement d'eau, scellez et plongez le sac dans le bain. Cuire pendant 24 heures.

Une fois le minuteur arrêté, retirez le porc et jetez-le. Dans une casserole bien chaude, ajoutez le bouillon de poulet, la sauce soja, l'ail et les champignons. Faire bouillir pendant 10 minutes. Verser le bouillon sur les nouilles ramen et garnir de porc. Arroser d'huile de sésame et garnir d'oignons verts pour servir.

Filet de porc crémeux au cognac

Temps de préparation + cuisson : 4 heures 50 minutes | Portions : 4

Ingrédients

3 livres de longe de porc rôtie et désossée

Sel au goût

2 oignons émincés

¼ tasse de cognac

1 tasse de lait

1 tasse de fromage à la crème

Adresses

Préparez un bain-marie et placez-y le sous vide. Régler à 146 F. Assaisonner le porc avec du sel et du poivre. Faites chauffer une poêle à feu moyen et faites revenir le porc pendant 8 minutes. Laisser de côté. Ajouter l'oignon et cuire 5 minutes. Ajoutez le cognac et portez à ébullition. Laisser refroidir 10 minutes.

Mettre le porc, l'oignon, le lait et la crème dans un sac sous vide. Libérez l'air par la méthode de déplacement d'eau, scellez et plongez dans un bain-marie. Cuire pendant 4 heures. Une fois le minuteur arrêté, retirez le porc. Réserver en gardant au chaud. Faites chauffer une casserole et versez-y le jus de cuisson. Remuer pendant 10 minutes jusqu'à ébullition. Épicez avec du sel et du poivre. Couper le porc et recouvrir de sauce à la crème pour servir.

Cuisse de porc aux tomates et carottes

Temps de préparation + cuisson : 48 heures 30 minutes | Portions : 4

Ingrédients

2 cuisses de porc
1 boîte (14,5 onces) de tomates en dés avec jus
1 tasse de bouillon de boeuf
1 tasse d'oignon finement haché
½ tasse de bulbe de fenouil finement coupé
½ tasse de carottes finement hachées
Sel au goût
½ tasse de vin rouge
1 feuille de laurier

Adresses

Préparez un bain-marie et placez-y le sous vide. Réglez à 149 F. Retirez la graisse du ventre des jambes et placez-la dans un sac scellable sous vide. Ajouter le reste des ingrédients. Libérez l'air par la méthode de déplacement d'eau, scellez et plongez le sac dans le bain-marie. Cuire 48 heures.

Une fois le minuteur arrêté, retirez la tige et jetez la feuille de laurier. Réservez le jus de cuisson. Placer le gigot sur une plaque à pâtisserie et griller pendant 5 minutes jusqu'à ce qu'il soit doré. Faites chauffer une casserole à feu moyen et ajoutez le jus de cuisson. Cuire 10 minutes jusqu'à épaississement. Arroser le porc de sauce et servir.

www.ingramcontent.com/pod-product-compliance
Lightning Source LLC
Chambersburg PA
CBHW050619130526
44591CB00044B/1615